Antonio Demarchi

Nas bênçãos de Chico Xavier

intelítera
editora

Nas Bênçãos de Chico Xavier

Editores: *Luiz Saegusa* e *Claudia Z. Saegusa*
Capa: *Casa de Ideias*
Projeto gráfico e diagramação: *Casa de Ideias*
Revisão: *Casa de Ideias*
2ª Edição: *2017*
Impressão: *Lis Gráfica e Editora*

intelítera
editora

Rua Lucrécia Maciel, 39 – Vila Guarani
CEP 04314-130 – São Paulo – SP
11 2369-5377
www.intelitera.com.br - facebook.com/intelitera

Dados Internacionais de Catalogação na Publicação (CIP)
(Câmara Brasileira do Livro, SP, Brasil)

Demarchi, Antonio
Nas bênçãos de Chico Xavier / Antonio Demarchi. --
1. ed. -- São Paulo : Intelítera Editora, 2015.

Bibliografia

1. Espiritismo 2. Mensagens 3. Xavier,
Francisco Cândido, 1910-2002 I. Título.

14-11610 CDD-133.93

Índices para catálogo sistemático:
1. Mensagens espíritas : Espiritismo 133.93

ISBN: 978-85-63808-43-1

Índice

Prefácio

Foi uma alegria e na sequência certa apreensão que o convite do Demarchi provocou em mim, a ponto mesmo de recusá-lo a princípio. Mas foi o próprio trabalho do amigo que me inspirou a retomar o convite para fazer este prefácio.

Inicialmente, a alegria porque livro é, para mim, tudo que dizem de bom sobre ele e mais um pouco. Especialmente, o de "causos" como só um escritor do campo pode contar e comentar. E ainda mais, casos reais. E ainda mais, envolvendo um espírito que assumiu uma missão chamada CHICO XAVIER.

Você me pergunta, o que estou dizendo? Ouvi dizer que espíritos de certa envergadura não precisam de NOMES. Quando eles vêm nos auxiliar, seus nomes indicam sua missão. E CHICO XAVIER, como diz o título, é só BÊNÇÃOS. E aí começou minha apreensão.

Quem não conhece aquele que foi e com certeza continua sendo verdadeira "carta viva" do Evangelho. Distribuiu as bênçãos do amor, da caridade, da orientação, do trabalho, da dedicação, do alerta, do cuidado, do carinho, da atenção, da energia, da humildade. Portanto, o que dizer para motivar os leitores, principalmente os mais críticos, que vão achar que é só mais um entre os muitos livros sobre o Chico.

Aí é que entra a especialidade do Demarchi, aquele contador do campo, dotado do sangue, suor e olhar sertanejo, que na vivência construiu um psiquismo e animismo de qualidade. Já percebido pelos espíritos que o utilizam mediunicamente. Aqui você vai conhecer o Demarchi, o estudioso dedicado ao Espiritismo que, com o seu olhar matuto, vai esmiuçar e desvelar os movimentos, palavras e atitudes do Chico, sua leveza e sensibilidade na vivência do Evangelho – um dentre bem poucos que pôde mostrar que fez de JESUS, na vida, seu Modelo e Guia.

Demarchi revela-nos o apóstolo Chico Xavier nos arrastando na rede de seus exemplos. Recolhendo, resgatando e conduzindo almas para JESUS – o CAMINHO de VERDADE para a VIDA imortal.

Tenho certeza de que sua fé só tende a crescer com os casos apresentados. Leia, inspire-se e motive-se, porque você vai precisar deste impulso para ter coragem de enfrentar os desafios da transição que está aí, e agora chegando em suas fases mais agudas e intensas.

Que Jesus e o Chico nos abençoem.

Jether Jacomini Filho

Diretor da Rede Boa Nova de Rádio

1

Um homem esquisito

Na noite de 28 de julho de 1971, voltava para casa depois de um dia de trabalho intenso, que se estendeu noite adentro. Naquela época, eu trabalhava em uma empresa metalúrgica no bairro do Brás, e nossa equipe da área financeira e contábil fora convocada para colocar em ordem os relatórios financeiros e os balancetes que estavam atrasados.

Foram anos difíceis, de muitas batalhas, mas sempre lutei com bom ânimo na certeza de que haveria de vencer. Ainda não tivera disponibilidade financeira para adquirir um carro, então utilizava o serviço de transporte público para me locomover.

Passava das 23 horas, e me encontrava extenuado tanto fisicamente quanto mentalmente, de forma que fiquei feliz quando, descendo a rua em direção à Avenida Celso Garcia, vi uma lanchonete aberta, algo que não era usual, pois normalmente naquele horário estaria fechada. Poderia tomar um café e um lanche antes de voltar para casa.

Fiquei surpreso ao me aproximar e ver que havia várias pessoas com os olhos grudados em uma televisão, assistindo a um programa que naquela época era muito comentado: era o Pinga Fogo, da extinta TV Tupi de São Paulo.

Era um programa em que os entrevistados, normalmente celebridades da época, eram torpedeados por todos os lados com perguntas complicadas e embaraçosas. Os entrevistadores às vezes beiravam à impiedade. Não tinham complacência, não alisavam nem acariciavam os entrevistados. Formulavam perguntas diretas, complicadas, objetivas, fazendo com que os convidados rebolassem para responder de forma adequada. Alguns dos entrevistados chegaram às lágrimas e, por essa razão, era um programa temido. Muitos famosos da época sentiam arrepio quando eram convidados e recusavam o convite.

Enquanto tomava um refrigerante e aguardava o "bauru" que havia pedido, fixei meus olhos no programa e me surpreendi, pois não conhecia aquela celebridade que estava sendo entrevistada.

— Quem é aquele homem esquisito? — perguntei ao garçom.

Ele me respondeu incrédulo:

— Pois você não o conhece? É o Chico Xavier!

Minha formação era católica e sinceramente eu ainda não conhecia o Chico. Aquela fora a primeira vez que via sua figura, naquele famoso programa de televisão. Olhei bem para aquele homem de aparência tranquila, baixinho, calvo, com óculos esquisitos, que contrastava com sua voz suave. Meu comentário foi displicente e inconsequente, o que reconheço hoje:

— Que homem feio, desajeitado, sem graça, esquisito! Esse programa costuma entrevistar artistas famosos e celebridades. O que esse homem tem de especial para ser o entrevistado no programa de hoje? — perguntei.

O garçom deve ter pensado “esse cara é um ignorante mesmo”, porque respondeu com espanto:

— Como você não o conhece? É o maior médium do Brasil, quem sabe do mundo!

Fiquei do mesmo tamanho. O que significava ser médium? O que tinha isso de especial?

Fiquei calado enquanto a entrevista se desenrolava e eu observava curioso que suas respostas eram rápidas e inteligentes. Alguns dos entrevistadores tentavam fazer perguntas complicadas para embaraçar o entrevistado, mas eu observava que aquele homem baixinho, calvo, feio e esquisito não era fácil, não. Respondia tudo com uma calma e naturalidade impressionantes.

Gravei em minha memória aquela imagem do Chico naquela noite memorável. Poderia ser um médium famoso, mas que era esquisito, era.

O tempo passou.

Conheci o espiritismo lendo Ramatís, primeiro, e posteriormente Emmanuel, depois André Luiz, antes das obras de Kardec, mas de uma coisa eu tinha plena convicção: havia encontrado meu caminho. Estava apaixonado pela Doutrina dos Espíritos. Mais tarde, estudei as obras de Kardec e frequentei a Federação Espírita do Estado de São Paulo, onde concluí a Escola de Médiuns.

O espiritismo permitiu que eu pudesse abrir minha mente, expandir meus horizontes de conhecimento, compreender as belezas da vida e observar o mundo com olhos diferentes. Tudo se encaixava, minhas dúvidas foram respondidas com clareza absoluta – o mundo, o universo, o ser humano, para tudo havia uma explicação racional e objetiva que não deixava margens a dúvidas. Eu já havia tomado consciência de quem era, o que estava fazendo aqui neste mundo e o que este poderia esperar de mim.

É isso que acontece quando você se torna uma pessoa esclarecida e consciente. Sua mente se abre, se expande, se clareia, se eleva. Tudo fica muito nítido em sua compreensão, você consegue olhar ao seu redor e ver as coisas de forma diferente. Não é o mundo que muda, é você que mudou, e mudando, muda também o mundo!

Era como eu me sentia após meu encontro com o espiritismo. Já não olhava mais o Chico com os mesmos olhos. De tanto que ouvia falar a seu respeito, eu olhava sua figura com admiração e o achava simplesmente lindo!

É verdade que, quando amamos uma pessoa, não nos detemos mais em sua aparência física, mas em sua beleza espiritual que se irradia além da simples matéria perecível.

O Chico era assim. Irradiava bondade, amor, compreensão e humildade. Quem se aproximava dele, na sintonia vibratória do amor, sentia aquela coisa boa que vinha dele. Ele nos envolvia de tal forma que nós nos sentíamos tocados nas fibras mais sensíveis da alma por aquela vibração intensa proveniente de seu coração amoroso.

Estive apenas duas vezes com o Chico, e nenhuma delas foi um encontro memorável. A primeira vez foi na década de 1980, quando de uma visita que ele fez ao Seara Bendita, localizado à Rua Demóstenes, no Campo Belo, zona sul de São Paulo.

Havia uma fila imensa para abraçá-lo, esperei pacientemente, porque sabia que valeria a pena. Que fosse um segundo apenas, dar um abraço naquele homem extraordinário era algo que eu aguardei por anos.

Quando chegou minha vez, momento em que me vi frente a frente com o Chico e olhei nos seus olhos, me emocionei. Impossível segurar as lágrimas que brotaram de meus olhos agradecidos por aquela oportunidade. A percepção que eu tinha da figura que via em minha frente não era mais daquela primeira impressão que eu tivera anos atrás, naquela noite memorável do primeiro Pinga Fogo, de um homem feio, desengonçado e esquisito.

O homem que se apresentava à minha frente, em minha nova visão, era uma criatura grandiosa em sua humildade e lindo em aparência espiritual. Abracei o Chico com força. Queria transmitir naquele abraço todo meu sentimento de carinho, apreço e agradecimento. Ele apenas sussurrou em meus ouvidos algumas palavras que eu não esquecerei jamais: — Você ainda terá muito trabalho a realizar em nome do Cristo, meu filho!

Em seguida beijou minhas mãos e eu me senti pequeno diante dele. Beijei sua mão e seu rosto e me afastei com o coração descompassado pela emoção, sentindo um suave perfume de rosas que tomou conta do meu corpo físico, perdurando por longo tempo.

São esses momentos breves, apenas segundos, que muitas vezes valem uma existência inteira, pois, tocado em sua sensibilidade, o espírito fotografa o instantâneo em sua retina espiritual e guarda aquela lembrança no fundo de um baú chamado coração para toda vida!

Quantos anos se passaram desde aquele dia e hoje recordo como nos equivocamos quando olhamos para a aparência das pessoas. Ultimamente, tenho recordado em minhas palestras diversos episódios da vida de Chico Xavier, que nos deixou sua vida cheia de exemplos de amor, carinho, caridade, compreensão e humildade.

Chico Xavier foi embora deixando um sentimento de profunda saudade em nossos corações! Tenho sentido saudades do querido Chico e, inspirado por meu protetor, resolvi escrever este livro, que nada tem de inédito, apenas com o propósito de recordar alguns episódios de sua existência repleta de exemplos, fazendo profundas reflexões a respeito do legado que nos deixou em seus gestos e atitudes de simplicidade e humildade.

Chico, quantas saudades sentimos de você!

Tenho certeza de que não sou apenas eu, mas todos aqueles que o admiraram por sua postura de amor cristão de um homem simples, que jamais se deixou corromper pelo canto das sereias, nem se deslumbrar pelas luzes da ribalta, nem se encantar por quaisquer outros interesses.

Que apesar das dificuldades, das limitações físicas impostas pelas doenças, da incompreensão de muitos, das perseguições e calúnias, da deserção de outros tantos, jamais se deteve em sua caminhada, servindo sempre e incansavelmente pelo amor do Cristo!

Você não precisa de nossas homenagens pequenas, nem de nossos elogios, mas fica aqui nossa recordação de seu exemplo cristão, como incentivo de um ser humano que ainda estava longe da perfeição, o que não o impediu de seguir as pegadas do Divino Mestre.

Que possamos fazer o mesmo.

2

Humildade: uma conquista espiritual

Aquela noite, a fila de atendimento era longa.

Mas aquele homem não parava de falar, comentava os problemas com os vizinhos, os seus desafetos e todas as querelas do mundo. Chico já havia atendido a muitos, tinha ainda outros tantos para atender e, preocupado, via o tempo passar implacável, mas o homem não concluía seu longo petitório de reclamações.

De repente, Emmanuel aparece e lhe diz: — Chico, peça a este irmão que retorne em outra ocasião, porque ainda tem muitas pessoas para serem atendidas e você sabe que à meia noite temos a psicografia!

Chico era muito disciplinado. Aliás, foram estas as três condições impostas por Emmanuel para que pudessem trabalhar: disciplina, disciplina e disciplina!

Diante da advertência do guia espiritual, Chico não teve alternativa, e sem jeito, pediu ao atendido:

— Perdoe-me, meu irmão, mas vou pedir que você retorne em outra ocasião, porque ainda tem muitas pessoas para serem atendidas e à meia noite tenho compromisso com a psicografia.

Pronto! Foi o bastante para a pessoa olhar para o Chico com rancor. Levantou-se e, sem dar boa noite, saiu bufando. Desandou também a falar mal do médium:

— Dizem que o Chico é educado? Não é não, ele me dispensou na cara dura! Dizem que o Chico é humilde? Ele faltou com a humildade ao me mandar embora diante de outras pessoas!

Aquele falatório e as vibrações de rancor começaram a incomodar o Chico, que jamais em sua vida fizera inimigos. O caso ficou tão complicado, que o desafeto, quando caminhava em um lado da rua e observava o Chico vindo na mesma direção, mudava para o outro lado, para não se encontrar com ele. Chico resolveu pedir um conselho a Emmanuel para solucionar aquele problema.

A resposta do mentor foi curta e grossa:

— Chico, você já sabe qual é o remédio: procure aquele irmão e peça perdão a ele.

Foi o que o Chico fez. Naquele dia, quando avistou o homem à distância, se preparou. Quando ele viu o médium, mudou-se para o outro lado da rua e o Chico fez o mesmo de forma que, inevitavelmente, ficaram frente a frente. Quando ele percebeu que não tinha jeito, encarou o Chico e com a fisionomia carregada de rancor, perguntou:

— Chico, o que você quer de mim?

— Eu apenas queria te pedir perdão, meu irmão. Talvez aquele dia eu não tenha sido mesmo educado com você, mas queria pedir que você não guardasse mágoas em seu coração e que pudesse me perdoar!

Então, com o semblante carregado de ironia, o homem perguntou de forma áspera:

— Chico, você está me pedindo perdão porque você é humilde ou porque não tem vergonha na cara?

Chico abaixou a cabeça e com a voz comedida, respondeu:

— Ah, meu irmão, estou te pedindo que me perdoe porque eu não tenho vergonha na cara, porque humildade eu ainda não tenho!

A resposta do Chico desarmou aquele homem que, sem jeito, sorriu e deu um abraço no médium, dizendo:

— Ah, Chico, só você mesmo! Eu te perdoo. Mas se você tivesse dito que era por humildade, eu não iria te perdoar!

* * *

Humildade: está aí uma coisa que as pessoas confundem muito. Muitos imaginam que humildade é ter a fala mansa, falar baixinho, sussurrando... Jesus!

Outros entendem que humildade é quando a pessoa se veste de andrajos, anda de forma desleixada, vestido de qualquer jeito e com os pés no chão!

Já ouvi pessoas que se vangloriam de sua humildade: — Eu sou uma pessoa humilde! — Só por dizer que é humilde, já se demonstra que não é humilde. Outros chegam ao cúmulo de dizer: — Sou uma pessoa muito humilde, mas tão humilde que tenho até orgulho de minha humildade!

Aí, então, é o cúmulo dos absurdos! Já vi pessoas bem vestidas, de terno e gravata ou com belos vestidos, e humildes em seus gestos e atitudes, como também já estive na presença de pessoas com aparência miserável, mas de uma arrogância sem limites. Mas, então, o que é humildade? Poderia dizer sem receio de errar que humildade é uma conquista espiritual! A pessoa tem ou não tem.

A pessoa verdadeiramente humilde não proclama sua humildade, não toca trombetas, não admite sua condição de humilde. Seus gestos, suas atitudes, suas ações demonstram e realçam sua condição humilde.

Venhamos e convenhamos! Chico Xavier não era um espírito perfeito. Ele próprio reconhecia suas imperfeições que, dizia ele, eram muitas. Mas de uma coisa temos certeza: o degrau da humildade era uma conquista espiritual já alcançada pelo Chico.

Nos espíritos que já galgaram este degrau evolutivo, essa virtude se apresenta de forma tão natural que, para o próprio espírito, sua humildade deixa de ser virtude.

Assim era o Chico: ele jamais admitiu ser uma pessoa humilde, mas suas atitudes e ações não deixavam dúvida alguma quanto à conquista espiritual da humildade. Quando elogiado, ele simplesmente respondia: — Ah, meu filho, quem sou eu! De Francisco, sou apenas o Cisco, isso mesmo: Cisco Xavier. — Outras vezes comentava: — Não passo de um verme!

Emmanuel, seu zeloso guia espiritual, estava sempre atento para que seu discípulo pudesse, sempre que houvesse oportunidade, aprender novas lições de importantes aprendizados, aconselhando-o em uma ocasião: — Não se compare ao verme, porque aquela minúscula criatura, mesmo sem ter consciência da própria existência, funciona ativo em sua função de transformar os detritos da terra em húmus, como zeloso servidor da natureza. Muitas criaturas não merecem ser comparadas sequer ao verme, Chico.

A partir daquela data, Chico deixou de dizer que era um verme. Passou a se autodenominar como um subverme. Só o Chico mesmo!

Todo ser humano, que alcança o estágio espiritual da humildade, torna-se uma pessoa que irradia simpatia por onde passa, inspira carinho e respeito por onde anda, confiança e admiração onde quer que esteja. Jamais se deixa contaminar com elogios, todavia presta muita atenção às críticas, mesmo aquelas indevidas. Chico sempre dizia, seguindo orientação do próprio Emmanuel: — É importante estarmos sempre atentos às críticas com muito respeito, inclusive aquelas sem fundamento. A estas eu dou o devido valor e deixo passar, mas, por outro lado, as críticas pertinentes e sinceras são sempre uma oportunidade de melhoria! Então eu procuro me corrigir seguindo em frente com o coração leve e isso me deixa feliz comigo mesmo e com o meu próximo!

O Chico era uma pessoa simples, amorosa, humilde e incrível!

Saudades do Chico!

3

Uma lição de respeito

O Chico sempre foi uma pessoa atenciosa e carinhosa para todos que batiam à sua porta em busca de uma palavra de consolo e conforto espiritual. Atendia a todos sem distinção, pois, além de ser uma pessoa humilde, era uma pessoa extremamente educada e atenciosa, porque a dor da alma não tem classe social.

Infelizmente, ainda existem pessoas que se acham superiores às demais. Fazem questão de ostentar sua superioridade por meio de um diploma, de uma roupa mais requintada, de sua posição social mais privilegiada, de um carro do último tipo, de uma conta bancária recheada. Na presença de criaturas mais simples, simplesmente as ignoram, porque se acham melhores que os demais, então, para que perder tempo com simples miseráveis? Há pessoas que ainda pensam e agem assim, infelizmente. A minoria, felizmente.

Com o Chico era diferente: quando recebia a visita de pessoas mais simples da periferia, era fácil verificar em sua fisionomia a expressão de carinho especial e o respeito que dedicava àqueles irmãos em situação material menos favorável. Os pobres e os simples de coração não tinham receio de procurar o Chico, porque sabiam que não seriam desprezados, nem discriminados por aquele homem que ostentava sempre um sorriso nos lábios, apesar dos problemas, e que esquecia suas próprias dores para cuidar das dores do mundo!

Na década de 1960, havia um rapaz que se tornara um frequentador assíduo do Centro: seu nome era Jorge.

Jorge era uma pessoa cuja idade cronológica não era compatível com sua idade mental. Sempre sorrindo, trazia nos lábios o estigma de uma ferida crônica que sangrava a cada sorriso.

Vivia na periferia de Uberaba, andava descalço enfiado em roupas remendadas e surradas. Muitas das pessoas que o conheciam riam e zombavam dele, mas o rapaz não se importava, porque, em sua simplicidade, não tinha consciência da maldade contida nos sorrisos de muitos. Talvez pela condição de pobreza e pela falta de noção de higiene, apresentava dentes estragados e seu hálito às vezes chegava a ser insuportável.

As pessoas fugiam de Jorge. Os poucos que se dispunham a ajudá-lo estendiam a mão à distância e se afastavam o mais rápido possível.

Entretanto, apesar de sua simplicidade, Jorge era uma criatura de boa índole. Era educado e sorria constantemente, exibindo um filete de sangue a escorrer por seus lábios a cada sorriso.

Toda vez que ia visitar o Chico, fazia questão de pegar a fila, na qual pessoas de todos os quadrantes do país se encontravam em busca do conforto espiritual e de uma palavra de consolo. Havia pessoas ricas, pobres, bem vestidas, outras mais simples, algumas bacanas, outras mais modestas, mas cada qual com sua dor, com seu problema, e o Chico dedicava a cada um o respeito e seu carinho tão peculiar.

Quando o Jorge entrava na fila, verificava-se um pequeno tumulto: os que estavam à frente se comprimiam, os que estavam atrás se distanciavam para não ficar perto, formando uma pequena ilha. Jorge não se dava conta do que acontecia e, por essa razão, sorria.

Algumas pessoas reclamavam, outras resmungavam com a presença daquele jovem mal vestido e, certamente, com algum odor menos agradável, de quem andou o dia todo e transpirou muito. Todavia, quando o Chico olhava, todos sorriam. Queriam que Chico os visse sorrindo!

A fila era sempre muito grande e as longas horas de espera eram verdadeiro suplício para os impacientes, principalmente quando Jorge estava presente na fila com suas roupas fedorentas e seu hálito desagradável. Se pudesse, Chico dedicaria a cada um o tempo necessário para conversar, mas precisava ser rápido, caridoso e objetivo, tendo sempre a palavra certa envolvida nas vibrações amorosas de seu imenso coração. O atendimento durava um ou dois minutos, três minutos nos casos mais complicados.

Todavia, com o Jorge era diferente! Quando chegava a vez do jovem, o Chico se levantava e o saudava com carinho:

— Jorge! Que bom que você veio me ver!

O rapaz exibia um largo e dolorido sorriso, e respondia:

— Estava com saudades, Tio Chico!

— Como vai a vida, Jorge? — perguntava Chico oferecendo um longo e apertado abraço de boas-vindas ao visitante.

— Ah, Tio Chico, a vida está uma beleza! — respondia o rapaz em sua simplicidade.

Sentavam-se, e Chico, em evidente demonstração de carinho e respeito, ouvia atentamente Jorge que soltava a taramela, tagarelando sem parar. Dizia que estava muito feliz, falava do tempo, do calor, do frio, da chuva; contava da goteira em cima de sua cama;

que seu cachorro havia brigado com o cachorro do vizinho e que um passarinho havia feito um ninho na cumeeira da casa. E o Chico ouvia com um sorriso nos lábios. A conversa passava dos cinco minutos, às vezes, se estendendo até dez minutos.

As pessoas na fila ficavam impacientes, se remoíam, se coçavam, tossiam e alguns sentiam até urticária. Porém, bastava o Chico estender um olhar para a fila que todos sorriam...

Depois do longo falatório, Chico se levantava e, com um largo sorriso, agradecia a visita. Mas ainda havia algo a acrescentar a respeito do amigo. Chico se voltava ao público e, talvez tendo visões de vidas passadas de Jorge, anunciava:

— Pessoal, nosso querido Jorge é um poeta!

A verdade é que, estimulado por Chico, Jorge havia rabiscado algumas rimas e, sempre que podia, o generoso anfitrião o prestigiava:

— Jorge, antes de ir embora, por favor, recite aquela poesia que mais gosto.

— Qual, Tio Chico? — perguntava Jorge.

— Aquela dos cabelos da menina.

— Ah! Já sei qual é, Tio Chico.

E, voltando-se para o público, Jorge estufava o peito e soltava a voz:

Menina penteia os cabelos
Joga as tranças na cacunda
Queira Deus que não te leve
De domingo pra segunda[1]

As pessoas riam muito, antevendo o final do suplício depois da longa espera. Antes de ir embora, Chico abraçava mais uma vez o rapaz que, a meio palmo do nariz do anfitrião, ainda dizia uma

1 *Trecho extraído do livro "As vidas de Chico Xavier" – Marcel Souto Maior – Editora Planeta.*

porção de palavras e em seguida tascava um beijo no rosto do Chico, deixando lá estampada a marca rósea de sangue dos seus lábios.

Nos anos em que Jorge frequentou o Centro, ninguém jamais viu o Chico fazer um recuo instintivo ou limpar o rosto após a saída de Jorge.

É isto que fico eu pensando aqui com meus botões: é fácil sermos educados, usarmos de cortesia, gentilezas, atenção e respeito nas empresas diante de um chefe, de um gerente, de um diretor, de uma autoridade, de uma celebridade, de um bacana ou mesmo de pessoas do nosso nível social.

Todavia, sermos condescendentes, educados, gentis, atenciosos e respeitosos para com aquelas pessoas mais simples é muito difícil. Esta era a diferença do Chico.

Isso que significa humildade como conquista espiritual, porque é espontânea e natural.

Quantas pessoas chegam ao trabalho e sequer se dignam a cumprimentar as pessoas mais simples, como a faxineira, o porteiro ou mesmo a recepcionista, com um singelo "bom dia". São aquelas pessoas que se tornam "invisíveis", porque há aquelas que se julgam importantes, que passam rápido com o nariz empinado e sequer notam sua existência.

Por essa razão, sentimos saudades do Chico. Alguém poderia dizer: — Então, o Chico era uma pessoa especial? Um enviado dos céus? Um espírito evoluído proveniente das esferas mais elevadas? Um anjo encarnado na Terra?

Não, apenas Francisco Xavier ou, como ele mesmo se autodenominava, "Cisco Xavier"!

4

Vá com Deus!

Naquela manhã, Chico caminhava apressado em direção à Fazenda Modelo, local onde trabalhava como funcionário da Secretaria da Agricultura do Estado de Minas Gerais.

Caminhava preocupado porque estava um pouco atrasado, e uma coisa que Chico sempre teve foi responsabilidade. Cumpria rigorosamente todos os seus compromissos com fidelidade e detestava chegar atrasado ao trabalho.

Envolto em seus pensamentos e distraído, passara diante da residência de uma senhora sem notar sua presença, seguiu em frente a passos rápidos, mas esta o chamou:

— Chico, por favor, estou esperando que você passe por aqui faz tempo! Preciso falar contigo!

Preocupado com o horário, Chico responde:

— Mais tarde eu a atendo, dona Alice, agora não posso porque estou muito atrasado.

Mais alguns passos adiante, ouviu a voz de Emmanuel, que lhe disse:

— Volte, Chico, veja o que aquela senhora deseja! Cinco minutos a mais não irão te prejudicar em nada. Você já está atrasado!

Então, Chico retornou e dona Alice, surpresa, sorriu agradecida:

— Ah, Chico, sabia que você voltaria, porque você é tão bondoso! Eu apenas tinha algumas dúvidas em relação a uma receita do Dr. Bezerra de Menezes que você me passou ontem à noite.

Rapidamente Chico esclareceu a dúvida daquela mulher e retomou seus passos, agora ainda mais apressados. Já à distância, ainda ouviu o agradecimento daquela senhora:

— Obrigada, Chico! Que Deus o abençoe! Vá com Deus!

Quando estava um pouco mais à frente, novamente Emmanuel o orienta:

— Olhe agora para trás e veja o que está acontecendo.

Chico, então, se voltou e observou que da boca e do peito daquela senhora partiam múltiplos raios luminosos em sua direção. Então ouviu o esclarecimento de seu mentor espiritual:

— Está vendo, Chico? Aquela mulher está agradecida, gosta de você e as palavras proferidas foram envolvidas em sentimentos de amor e gratidão e, por essa razão, você se tornou beneficiário de energias mais sublimes que emanam do coração e dos pensamentos dela, em forma de luz. Imagina se uma pessoa está com sentimentos de ódio e te diz: vá com o diabo. Você já pensou nas energias ruins que viriam para você?

Essa foi mais uma preciosa lição de Emmanuel. Todos nós sabemos que os nossos sentimentos geram o teor vibratório de nossos pensamentos, que por sua vez, são materializados por nossas palavras. Por essa razão, o Evangelho nos ensina com sabedoria: “A boca fala daquilo que está cheio o coração”.

Ora, se temos conhecimento de que nossos pensamentos são resultantes de nossos sentimentos, os quais por sua vez são materializados em palavras, concluímos que os pensamentos geram energia de acordo com o padrão vibratório dos nossos sentimentos, em forma de ondas eletromagnéticas, que vibram e se expandem para o espaço, de maneira que seu emissor entra em sintonia com espíritos encarnados e desencarnados que se encontram na mesma faixa vibratória daqueles pensamentos.

Pensamentos de amor, de carinho, de amizade, de fraternidade, de desejo de fazer o bem vibram gerando ondas de energia sutis e suaves que se irradiam para o espaço, encontrando a sintonia com todos os espíritos (encarnados e desencarnados) que se situam naquela mesma faixa de sintonia vibratória. Nós nos tornamos os maiores beneficiários disso.

Porém, pensamentos de rancor, mágoas, ressentimentos, ódio, maldade, inveja e maledicência trazem como consequência energias com pesado teor vibratório, criando ondas energéticas densas que se irradiam para o espaço, entrando o emissor desses pensamentos em sintonia vibratória com espíritos que odeiam, que são vingativos, rancorosos e muito infelizes.

Por essa razão, as pessoas que praticam o bem, que estão sempre envoltas em pensamentos positivos e de alegria, são pessoas felizes. Quase não adoecem e demoram mais para envelhecer porque o corpo físico reflete o estado mental e emocional da criatura humana.

Por outro lado, pessoas negativas, que ainda não conseguiram perdoar, que estão sempre envoltas em pensamentos de rancor, mágoas, ressentimentos e cultuam o péssimo hábito da inveja e da maledicência, apresentarão invariavelmente um estado patológico mental que se reflete no corpo físico por meio de doenças gravíssimas, particularmente na região gástrica, no sistema nervoso, além de tumores cancerígenos extremamente perigosos. Isso sem contar com as perturbações espirituais que acabam descambando em obsessões terríveis, bem como em depressões, neuroses e síndromes de toda espécie, em função de que, as criaturas que assim vivem, escancaram as janelas mentais como convite "entre sem bater" para perturbações espirituais de toda espécie. Depois são infelizes e não sabem por quê.

Em nosso despretensioso trabalho junto a irmãos moradores de rua, temos aprendido muitas lições. Na verdade, esse trabalho representa para nós um aprendizado de valor inestimável. Em uma ocasião, ouvimos as seguintes palavras de um assistido nosso:

— Tenho orado por vocês toda noite! Que Deus os abençoe sempre e que vocês continuem sempre nos visitando nas ruas.

Só posso dizer que, naquela noite, todo nosso grupo se emocionou. Quando pensamos que estamos fazendo caridade, na verdade, estamos recebendo.

Deveríamos, a exemplo de Chico Xavier, cultivar sempre carinho, respeito, amizade, consideração, e nos envolver em atitudes de amor e caridade. Cada vez que nosso sentimento fraterno conquistar um amigo sincero e este amigo nos abençoar, seja com uma palavra de carinho e simplicidade, como por exemplo: — Vá com Deus! —, seremos nós os maiores beneficiários.

5

É dando que se recebe

A vida de Chico Xavier nunca foi fácil. Ele sempre lutou contra dificuldades financeiras, de saúde e de compreensão por parte de muitas pessoas, até mesmo de familiares. Alguns não entendiam suas atitudes de bondade, de não desejar recompensas, nem retribuição pelo bem que fazia a tanta gente desconhecida. Muito pelo contrário, era considerado no seio da própria família como um mão-aberta, porque se tivesse algum trocado no bolso, bastava encontrar pelo caminho um necessitado que, pronto, lá se ia seu dinheirinho.

Mas o Chico sempre tinha um sorriso nos lábios e dizia, recordando a canção de Francisco de Assis, quando alguém o criticava:

— É dando que se recebe.

Maria Pena, sua cunhada, viúva de seu irmão Raimundo, era uma das pessoas que não entendiam aquela generosidade, principalmente quando passavam por algumas agruras financeiras, e ouvia do Chico a mesma resposta de sempre: é dando que se recebe, principalmente quando você dá sem esperar recompensa. Era muita caridade junta em uma pessoa só.

Em uma ocasião ela resolveu colocar aquela filosofia em teste. Chamou Chico e lhe propôs um desafio, dizendo:

— Chico, hoje quero ver se esse seu pensamento funciona mesmo. Tenho aqui dois chuchus, vou dar para a primeira pessoa que pedir para ver o que é que vou receber de volta.

Mal concluíra as palavras, quando ouve a vizinha chamando:

— Dona Maria, será que a senhora poderia me arranjar uns dois chuchus? Não tenho nada para fazer de mistura hoje.

Surpreendida, a cunhada do Chico imediatamente atendeu ao pedido:

— Pois não, minha amiga, faça bom proveito!

Não demorou muito e ainda estava pensativa, quando a vizinha do outro lado do muro chamou-a e ofereceu quatro chuchus, dizendo que havia colhido uma grande quantidade em seu quintal. Surpresa, agradeceu. Mal entrou em casa, a vizinha dos fundos apareceu e dona Maria imediatamente ofereceu-lhe os quatro chuchus.

Passada meia hora, estava junto ao portão quando a vizinha de frente atravessou a rua com uma pequena cesta, na qual continha exatamente oito chuchus e os ofereceu à amiga.

A cunhada do Chico estava desconcertada com os acontecimentos e pensou: “Quero ver no que vai dar isso”. Não passou muito tempo quando observou que uma senhora muito necessitada passava pela rua. Não teve dúvidas, ofereceu os oito chuchus à mulher, que foi embora feliz.

O dia correu e já era tarde quando o Chico chegou e ela comentou: — Quero ver agora se vou receber de volta dezesseis chuchus! Aí sim, Chico, vou acreditar no que você fala, porque estou até achando engraçado o que está acontecendo.

Chico sorriu e, antes de sair novamente para suas tarefas, o médium respondeu:

— Espere e verá!

Quando retornou, já passava das 18 horas e Maria Pena, com um sorriso de vitória, comentou:

— Até agora nada, Chico! Acho que ganhei o desafio!

Já eram quase 20 horas, o Chico se preparava para sair e a cunhada nem comentava mais o caso, quando ouviram palmas no portão. Dona Maria vai atender. Era um senhor já idoso que morava na roça. Pediu licença e disse que trazia em seu burrinho um presente para a cunhada do Chico, em retribuição às refeições que ela generosamente sempre lhe oferecia, quando vinha a Pedro Leopoldo.

Com esforço apanhou um pequeno saco do lombo do burro e o colocou sobre a mesa da sala. Curiosa, a cunhada do Chico abriu imediatamente o saco que estava repleto de chuchus. Contou-os, por curiosidade: eram exatamente 64 chuchus. Dona Maria Pena se curvou comovida: aquilo fora demais!

Chico deu um abraço de gratidão no lavrador e saiu sem dizer nada para a cunhada. Nem era preciso. A lição dos chuchus ficou para sempre na memória de dona Maria Pena.

* * *

A oração de outro Francisco, o de Assis, nos ensina que é dando que se recebe. Ocorre que, infelizmente, muitas pessoas ainda confundem o ensinamento e, quando praticam algum bem a outrem, ficam na expectativa de receber algo em troca ou alguma recompensa no plano material. Entretanto, as palavras do pobrezinho de Assis trazem um significado bem mais profundo. Aquele que pratica a verdadeira caridade, o faz de coração, com alegria e desprendimento, como nos ensina Cristo em seu Evangelho de luz. O ato em si é despretensioso e a pessoa que o pratica não guarda nenhuma expectativa de receber absolutamente nada em troca. Quando assim age, é exatamente quando ela mais recebe, não no plano material tangível, mas no plano espiritual, em que acumula riquezas incomensuráveis e incompreensíveis para as criaturas que ainda vivem apegadas à matéria.

Esse ensinamento Chico Xavier sempre praticou, no verdadeiro sentido do Evangelho, doando, sua vida, seu tempo, sua alegria, seu sorriso, sua palavra amiga, sua atenção a todos que o procuravam.

Existe um dito popular que nos alerta: "Quando a esmola é muita, o santo desconfia". Não no caso do Chico. Amigos sempre preocupados com sua vida de absoluta simplicidade se preocupavam com seu bem-estar, mas ele respondia: — O que ganho é suficiente para viver minha vida de forma honesta.

Houve uma situação que acabou se tornando de domínio público, pela qual Chico demonstrou toda sua simplicidade e, acima de tudo, honestidade para com seus princípios de jamais tirar vantagens de quem ou do que quer que fosse, mesmo quando as pessoas faziam questão de oferecer de forma espontânea.

Nos idos de 1945, havia um empresário carioca, cujo nome era Frederico Figner, proprietário da Casa Edson, responsável pela introdução do fonógrafo no Brasil. Frederico era um grande admirador de Chico Xavier e durante longos anos trocou correspondências, além de visitas constantes que fazia ao médium em Pedro Leopoldo.

Ora, o empresário, homem de negócios e acostumado com grandes transações financeiras, admirava-se com a absoluta simplicidade que vivia Chico Xavier e sua capacidade de doação. Qualquer dinheiro que Chico tinha disponível logo ia embora, fosse para um necessitado comprar comida, para uma mãe sem recursos comprar remédios, para algum mendigo que esmolasse. A verdade é que o dinheiro e o Chico nunca andavam juntos.

Frederico sabia que o médium ganhava pouco e constantemente o auxiliava com recursos monetários, dinheiro que era imediatamente revertido em favor de suas atividades sociais. Mas, na verdade, o empresário se preocupava mesmo era com o futuro de Chico e, de alguma forma, desejava auxiliá-lo de forma efetiva, quando ele não mais pudesse trabalhar.

Certa feita, perguntou como quem não quer nada:

— Chico, o que você pensa do futuro? Como você gostaria de viver em sua velhice?

— Ah, meu amigo — respondeu Chico —, gostaria de no futuro continuar vivendo o ideal do Evangelho em favor dos menos favorecidos.

— Concordo contigo, Chico, é muito lindo esse seu ideal de vida. Mas o que eu desejaria saber é, no mundo material, quando você estiver velhinho e não puder mais trabalhar, quanto você acha que seria suficiente para viver uma vida de tranquilidade e simplicidade?

O médium ficou pensativo, respondendo de forma natural, sem qualquer suspeita do que imaginava o amigo:

— Ora, meu amigo, se eu pudesse, em minha velhice gostaria de ter uma renda de pelo menos 300 mil Réis por mês. Esse recurso seria suficiente para eu viver e continuar auxiliando os necessitados.

O assunto morreu ali, pelo menos para o Chico. Entretanto, o empresário deu continuidade no assunto em segredo. Pediu ao financeiro de sua empresa fazer um cálculo da quantia necessária para prover aquela necessidade e, quando desencarnou em 1947, deixou em testamento lavrado em cartório, a quantia de cem contos de Réis em favor do Chico, quantia esta que aplicada a juros bancários, renderia exatamente os 300 mil Réis mensais.

Quando Chico foi notificado pelos advogados da família Figner, por meio de carta acompanhada do cheque, o médium tomou um susto. Era muito dinheiro, quantia que ele jamais havia visto antes em sua vida. Alguns dos familiares não entendiam a filosofia de vida do Chico. Este passava por dificuldades terríveis, mas não aceitava dinheiro de ninguém. — Que coisa mais estúpida — muitas vezes pensavam que o Chico era mesmo um louco. Quando tomou conhecimento da fortuna que havia herdado, exclamou alarmado:

— Meu Deus! É muito dinheiro! O que esse dinheiro quer fazer comigo?

Naquela mesma semana, haviam feito uma reunião familiar em que seu pai, João Cândido, havia colocado à mesa o pagamento urgente de uma dívida de imposto da casa onde moravam. O total da dívida somava 8 mil réis, exatamente sete por cento do total do rendimento que receberia se aquele dinheiro fosse aplicado em qualquer instituição financeira da época.

Todavia, mesmo diante de tamanha dificuldade, Chico não hesitou um só instante, devolveu imediatamente o cheque ao remetente, incluindo uma carta de agradecimento e de recusa.

Não demorou muito. Alguns dias depois, o cheque retornou às mãos do Chico, agora acompanhado de uma carta das filhas de Frederico Figner, que alegavam desejar cumprir a vontade do pai, expressa em testamento, e dessa forma, pediam encarecidamente que Chico aceitasse a oferta.

Nova devolução, com longo arrazoado do Chico, explicando que não desejava e nem necessitava daquele dinheiro. Agradecia de coração a bondade do amigo desencarnado, mas seus princípios não permitiam que aceitasse.

A pendência só foi mesmo resolvida quando Chico escreveu uma carta pedindo às filhas de Frederico que encaminhassem o cheque à Federação Espírita Brasileira, que necessitava de instalar um novo parque gráfico para publicação dos livros espíritas. Assim foi feito. Para não deixar dúvidas quanto à sua situação e tranquilizar os amigos, Chico escreveu uma carta ao então presidente da Federação, Wantuil de Freitas, esclarecendo:

Caro Wantuil, nada me falta e não há nenhum sacrifício de minha parte, porque providencialmente Jesus me aproximou de nosso amigo Manuel Jorge Gaio, que tem me auxiliado a sustentar a luta. Se os deveres aumentaram para mim, aumentou sua proteção, porque o senhor Gaio me provê do que preciso. Sua senhora, dona Marieta Gaio, trata-me como se fosse um filho, ajudando-me também com sua ternura e abnegação.

Pedia sigilo ao amigo, para que o assunto ficasse em segredo. Na verdade, Chico fora orientado por Emmanuel, para fazer o bem sem ostentação, obedecendo ao preceito do Evangelho quanto ao ato de doação: "que a mão esquerda não saiba o que fez a direita".

Infelizmente, o caso se tornou público e muitas pessoas passaram a chamá-lo de pedante, orgulhoso, ingrato, louco, além de outros adjetivos pouco lisonjeiros. Entretanto, Chico procurava não se abalar, seguindo sua luta, às vezes, entristecido pela incompreensão e pelo pensamento equivocado das pessoas, dizendo:

— O importante é dormir com a consciência em paz! Esse benefício, graças a Deus, jamais tem me faltado.

Assim, nós deveríamos agir sempre com a consciência tranquila de ter feito a coisa certa, porque não podemos ter a pretensão de agradar a todos. Haverá sempre aquele incomodado a nos tecer críticas, infundadas ou não.

O importante, como dizia o Chico, é ter a consciência tranquila para repousar a cabeça no travesseiro e dormir em paz!

6

Pelo amor ou pela dor

Aprendemos, com a Doutrina dos Espíritos, que cada um de nós foi criado em um momento de muito amor e sublime inspiração do Criador com objetivo de evoluirmos e no final de nossa jornada, então, alcançarmos a perfeição. Esse é o grandioso destino que o Pai Eterno traçou para cada um de seus filhos.

Dessa forma, os bons espíritos nos alertam que a evolução é uma necessidade do espírito e, por essa razão, por meio das reencarnações sucessivas, vamos gradualmente nos despojando de nossas imperfeições, de nossas mazelas, ampliando nosso entendimento, adquirindo compreensão dos grandes enigmas existenciais e, acima de tudo, consciência de quem somos diante da grandiosa obra da criação e também nosso papel diante da vida.

Todavia, orientam-nos esses amigos espirituais, que temos sempre duas alternativas evolutivas: pelo amor ou pela dor. Assim sendo, a primeira alternativa nos convida a uma análise mais profunda para que possamos nos conhecer primeiro. A sábia inscrição no portal do antigo Oráculo de Delfos, na Grécia Antiga, aconselhava: "Conhece-te a ti mesmo". O Espiritismo nos oferece um programa muito interessante, chamado "Reforma Íntima", no qual inicialmente nos conhecemos, tomamos consciência de nossas virtudes e defeitos e traçamos um programa de melhoria íntima.

Compreendemos que a lei do amor nos faculta a evolução pelo autoaprimoramento, dominando nossos impulsos primitivos e negativos, desenvolvendo o potencial de nossa essência divina, porque somos de essência divina. Quando isso acontece, passamos a ter uma percepção mais aguçada, percebendo em nosso íntimo uma alegria genuína quando praticamos o bem, o exercício da caridade, quando despertamos o desejo de cultivar o hábito da simplicidade de espírito, da humildade, do perdão das ofensas.

Tornamo-nos pessoas felizes quando fazemos o bem de forma natural e descontraída, pois, afinal, assim deve ser praticada a verdadeira caridade. A alegria faz morada em nosso coração, porque a paz já fez morada em nossa alma. Não foi sem razão que Cristo nos disse: "Edifica em ti o Reino de Deus, porque o Reino de Deus está em vossos corações".

Quando o espírito é desalojado do corpo físico pela ação do desencarne, via de regra, aporta no lado espiritual como um viajante apanhado de surpresa em uma terra estranha. A primeira surpresa é verificar que não existe julgamento previamente preparado, nenhum juiz implacável com o dedo em riste acusando-o e a apontar-lhe com rigor as faltas cometidas. Percebe-se que o único juiz a persegui-lo sem tréguas é sua própria consciência, porque no plano espiritual, o espírito se dá conta de que está desnudo dos vernizes materiais, das máscaras da hipocrisia, da mentira e da camuflagem que a aparência física e material permite. Ele é o que é na mais absoluta verdade.

É quando toma consciência de si que ele se reconhece e é capaz de analisar a si mesmo, a extensão de seus erros clamorosos, do mal que praticou e das oportunidades perdidas. Encontra-se com aqueles que um dia prejudicou e que enganou. Sente-se envergonhado.

Pede perdão arrependido, mas percebe que a única forma de aplacar sua própria consciência é reparando o mal praticado e, nesse aspecto, os bons espíritos sempre nos auxiliam, preparando-nos adequadamente por meio do serviço e do aprendizado no plano espiritual.

Quando o espírito está preparado, ele mesmo solicita uma nova oportunidade reencarnatória, e é sempre auxiliado por amigos espirituais de ordem mais elevada, que analisam as possibilidades e as provas às quais o espírito deve ser submetido. Nenhum espírito reencarna para se submeter a provas que estejam acima de suas forças e suas possibilidades.

Todavia, existem espíritos que falharam tantas e tantas vezes, que a consciência não lhes dá trégua. Assim, a bênção do esquecimento temporário, mediante o mergulho na carne por meio da reencarnação, representa-lhes alívio oportuno. Outros há que, encontrando-se em condições espirituais para suportar provas mais acerbas, solicitam o benefício reencarnatório, trazendo em sua experiência física, difíceis provas a serem suportadas. Quando isso acontece, os bons espíritos avaliam adequadamente e, estando o interessado em efetivas condições, permitem o reencarne de espíritos em dolorosas provas. É a evolução pela dor.

* * *

Sempre que podia, Chico visitava uma senhora muito pobre que morava na periferia de Pedro Leopoldo. Era uma mulher viúva que vivia em situação de absoluta penúria em um casebre, localizado em um local descampado próximo a pequeno riacho.

Para complicar ainda mais a vida dessa pobre mulher, seu filho, agora com idade aproximada de sete anos, nascera cego, surdo, mudo e desprovido dos membros superiores. A presença de Chico naquela choupana representava o único momento em que aquela pessoa infeliz, esquecida do mundo, experimentava um pouco de alegria e reconforto espiritual.

Em suas visitas, Chico sempre levava alimentos e roupas, lia uma página do Evangelho e conversava com a mulher. Compadecido com sua situação de absoluta pobreza, procurava sempre proferir palavras de bom ânimo, enquanto a auxiliava no banho do filho, que aquela desventurada mãe segurava nos braços como se fosse seu tesouro mais precioso.

O garoto se expressava em forma de gemidos e sons guturais incompreensíveis, semelhante a uma algaravia, aquietando-se e sorrindo quando a mãe o beijava e o Chico acariciava seus cabelos.

Chico era uma alma de extrema sensibilidade, fazendo sempre tudo o que podia para amenizar o sofrimento das criaturas. O caso daquela mulher e de seu filho era algo que comovia o querido médium.

Um dia ela chegou ao Centro Luiz Gonzaga com o filho no colo e os olhos marejados de lágrimas. Chico interrompeu o que fazia naquele momento para atender imediatamente aquela desventurada mãe.

— Chico — disse ela com a voz embargada pela emoção —, meu filho está muito mal. Tem gemido nestas últimas noites sem parar e, então, o levei ao médico, que diagnosticou uma enfermidade grave nos ossos de suas pernas. Disse que, para salvar sua vida, terá que amputar as duas pernas.

Chico ouviu em silêncio e, com lágrimas nos olhos, abraçou a mãe e o filho doente. A mulher prosseguiu:

— Meu Deus, o que será de meu filho? Nasceu sem os braços, cego, surdo e mudo. Agora o médico diz que terá que amputar suas pernas! O que devo fazer, Chico?

Abraçado àquelas infelizes criaturas, Chico ouviu a voz de Emmanuel, que dizia:

— Este filho que esta mãe segura nos braços buscou a fuga da vida reiteradas vezes, de forma contumaz em suas últimas existências, por meio do suicídio. Nesta encarnação, pediu que lhe fossem retiradas todas as possibilidades de cometer o mesmo erro do passado e, por essa razão, reencarnou nessas condições. Todavia, nas últimas semanas, instintivamente tem procurado o rio para se atirar. O médico tem razão, infelizmente as pernas do garoto precisarão ser amputadas. Foi um pedido do próprio interessado e de sua mãezinha antes de reencarnarem e, dessa forma, terá que ser cumprido em seu próprio benefício.

Chico se calou abraçando aquela mãezinha e seu filho, e juntos choraram enquanto o médium proferia uma prece em favor daqueles espíritos em dura prova de doloroso resgate.

Ele sempre estava disposto a esquecer seus problemas, suas dores, suas agonias para auxiliar o próximo. Em uma ocasião, uma moça de aparência muito bonita, proveniente do Rio de Janeiro, se aproximou do médium e desabafou:

— Chico, eu não estou nada bem. Nada tem dado certo na minha vida, sinto-me muito infeliz e ultimamente estou sentindo que a vida não tem nenhum sentido, ando tão deprimida que tenho sentido vontade de tirar minha própria vida.

O médium olhou-a com carinho, segurou suas mãos, fechou os olhos e em seguida lhe disse:

— Minha filha, jamais pense em uma coisa destas. Volte para a casa do Pai pelo caminho certo. A morte não existe! — finalizou.

A moça sentiu-se envolvida em forte comoção e começou a chorar. Depois de alguns minutos, já recomposta, disse:

— O Chico é um santo! Quando falou comigo, me senti envolvida em tanta ternura e percebi naquele momento que toda tristeza que estava em meu coração foi embora! Graças a Deus!

Palavras são palavras, nada mais que palavras! Todavia, Chico era diferente. As palavras que proferia eram provenientes do mais elevado sentimento de amor e respeito que nutria em sua alma e, por essa razão, Chico era um verdadeiro instrumento da paz de Cristo, em benefício de tantos corações aflitos que o procuravam em busca de um consolo espiritual.

7

Quem foi você em existências passadas?

Muitas pessoas manifestam aguçada curiosidade em saber quem foram em existências passadas.

Se fôssemos mais atentos, teríamos consciência de que seria melhor não questionar, nem saber. Basta fazer uma breve análise de nós mesmos, o que somos agora. Com certeza, no passado fomos um pouquinho mais imperfeitos. Além do mais, os bons espíritos nos alertam que o esquecimento temporário do espírito durante a reencarnação é providencial, porque muitos de nós não suportaríamos e certamente sucumbiríamos diante de revelações dos erros clamorosos que cometemos.

Por essa razão, o esquecimento é uma providência da misericórdia divina.

Muitas pessoas, movidas pela vaidade, desejam saber o que foram, buscando informações de forma equivocada em lugares pouco recomendáveis. Normalmente, essas pessoas desejam saber se no passado foram da nobreza, príncipes ou princesas, poderosos, celebridades de um passado remoto que o tempo sepultou.

Os bons espíritos têm muito cuidado nesse aspecto e raramente trazem revelações sobre o passado, a não ser nos casos em que aquela revelação se justifique de alguma forma, auxiliando o espírito em algum momento de dura provação.

Precisamos estar atentos e cuidadosos com médiuns e espíritos que respondem a tudo que o interessado pergunta no que tange às existências passadas. Nem todo espírito que fala de Deus está imbuído de boas intenções. Muitas vezes é um engodo para enganar os incautos que, movidos pela vaidade e orgulho, procuram respostas de forma aleatória. Temos de analisar a árvore por seus frutos. Se tiver que pagar por uma consulta espiritual, desconfie. Um dos princípios básicos do espiritismo é a máxima do Evangelho que nos ensina: "Dai de graça o que de graça recebestes".

O Mestre de Lyon tinha como princípio básico utilizado à exaustão durante o trabalho da codificação: "Recuse nove verdades, mas não aceite uma mentira". Analise, avalie, questione, sempre imbuído de boas intenções, mas questione. Os bons espíritos são tolerantes, pacientes, e jamais se mostrarão contrafeitos diante de uma pergunta ou de um questionamento.

Já os espíritos interesseiros não suportam ser questionados. Apreciam a louvação, a bajulação, o culto à personalidade, fazem questão de se mostrar como sábios e senhores da verdade absoluta e se irritam com facilidade quando têm seus interesses contrariados. Na condição em que o consulente os procura, movido por interesses de vaidade, esses espíritos têm facilidade de sintonia mental para saber o que o consulente deseja saber, respondendo sem constrangimento e compromisso que aquela pessoa foi uma grande personalidade do passado, uma celebridade, uma pessoa da nobreza, rei, rainha, príncipe, apóstolo, o que apenas serve para massagear o ego do consulente, que sai satisfeito com a revelação.

Eles riem, se divertem e zombam da credulidade dos incautos, cuja revelação serve somente para acirrar ainda mais o sentimento de vaidade improfícua.

* * *

Sempre que era questionado nesse quesito, Chico procurava se esgueirar com simplicidade e bom humor. Tinha sempre uma saída, na qual manifestava sua simplicidade e sua humildade, quando alguém lhe perguntava quem havia sido em existências passadas:

— Ah, minha filha, quem sou eu! — dizia com sua singeleza tão peculiar — Vocês é que são bondosas. Eu por mim, nada sou. Do Francisco, sou apenas o Cisco.

Numa ocasião, um grupo de senhoras de São Paulo, em visita ao médium em Pedro Leopoldo, adentrou essa perigosa seara. Uma delas se vangloriou, dizendo:

— Chico, eu tive uma revelação que, em um passado mais remoto, fui uma mártir do Cristianismo.

Outra não deixou por menos:

— Ah, Chico, eu também tive uma grandiosa revelação: na época de Cristo, fiquei sabendo que eu era uma cristã que orava nas catacumbas romanas, fui presa e morri nos espetáculos do circo romano, devorada por um leão!

O médium sempre ficava em silêncio com um sorriso nos lábios, possivelmente analisando as pessoas. Eram sempre personalidades importantes do passado, ninguém se apresentava dizendo: fui um carpinteiro, um lavrador, um humilde servidor. Eram sempre cabeças coroadas pela vaidade!

Diante do silêncio do médium, uma delas questionou:

— E, você, Chico, quem foi?

Então, com um sorriso, Chico respondeu:

— Ah, minha irmã, eu não fui ninguém. Acho que fui a pulga do leão que a devorou!

Ah, Chico, que saudades de você! Em sua simplicidade, em sua humildade, tinha paciência para ouvir corações aflitos, corações destroçados pela dor, almas desesperadas, criaturas sem esperança e tantos outros, sem questionar, sem se aborrecer, oferecendo a cada um palavras de amor, de conforto, de amizade, e de compreensão.

Estar ao lado do Chico era uma oportunidade rara. Quem teve essa oportunidade e soube apreciar, sabe do que estou falando.

Pena que muitas pessoas não compreenderam isso!

8

Uma proposta de casamento

Quem não deseja encontrar a felicidade encontrando sua cara-metade, sua tampa da panela, sua alma gêmea? Imagino que a maioria das pessoas ainda confunde felicidade com relacionamento, com casamento, com encontrar a pessoa amada.

Esquecemos que felicidade é um estado de espírito, no qual a pessoa tem dentro de si o sentimento de alegria e felicidade, independentemente do relacionamento amoroso.

Lamento informar que almas gêmeas não existem, mas sim, espíritos afins, e que a maioria dos consórcios matrimoniais são resgates do passado. Ou como diria um espírito amigo: "São encontros marcados que temos com espíritos dos quais somos devedores no passado". De qualquer forma, é um encontro marcado em outras existências. Isso, por si só, já reúne os ingredientes de um belo romance. Depende apenas de nós. Se você tem um limão, poderá optar por duas alternativas: ou azeda de vez sua vida, ou faz uma gostosa limonada! A vida é feita de escolhas.

O rapaz ou a moça se conhecem, se apaixonam perdidamente e dizem: "Se nos casarmos, seremos o casal mais feliz do mundo". Depois de alguns anos, no dia a dia, no cotidiano, descobrem suas diferenças e muitas vezes falta compreensão, tolerância e paciência mútua. Então, aquelas mesmas pessoas, antes apaixonadas, que diziam que seriam as pessoas mais felizes do mundo quando se casassem, agora dizem: "Eu seria a pessoa mais feliz do mundo se me separasse!"

É o contrassenso do relacionamento, no qual falta, acima de tudo, compreensão e fé no coração, prática de uma filosofia religiosa e do Evangelho no Lar. As pessoas não falam de Jesus! Os filhos nascem e crescem distantes dos ensinamentos do Cristo, o próprio casal chega a um momento em que apenas se "suportam" mutuamente. É o fim anunciado de muitos casamentos, infelizmente.

Pedro Leopoldo era uma cidade pequena do interior de Minas Gerais, e Chico era questionado por sua solteirice. Comentários maldosos de bocas ferinas, acostumadas à maledicência, apregoavam ironias pela forma educada e delicada com que Chico se comportava.

As fofoqueiras de plantão viviam comentando a boca pequena: "Será que o Chico nunca irá se casar? Por que será que ele não se casa, como qualquer rapaz de sua idade? Será que ele tem algum problema?" E riam maliciosamente de suas tagarelices maldosas.

Sem dar importância às fofocas, Chico seguia em frente, amando a todos indistintamente, servindo em nome do Cristo, exemplificando o amor fraterno em favor dos menos favorecidos, colocando no papel mensagens espirituais de elevado cunho doutrinário, destinadas ao esclarecimento e ao consolo de tantas criaturas humanas.

Certa ocasião, em uma reunião espírita em Belo Horizonte, diante de um numeroso público, Chico se preparou para transmitir a mensagem final. A figura de Chico era a de uma criatura extremamente simples e humilde, além de sua baixa estatura física. Todavia, durante o processo da psicofonia, a fisionomia de Chico se modificou assumindo ares aristocráticos e nobres, deixando escapar uma voz densa e encorpada. Era Emmanuel que se comunicava.

Entre os presentes naquela noite, encontrava-se o embaixador da Argentina e sua filha, que imediatamente se sentiu atraída e perdidamente apaixonada por Chico. Terminada a reunião, ela se aproximou e agarrou-se ao braço do médium e não o largou mais. A moça era linda e qualquer pretendente se sentiria feliz tendo-a ao seu lado. Menos o Chico.

Ela implorava por seu amor, queria se casar, ter filhos, estudar o Evangelho, recitar o Evangelho Segundo o Espiritismo para as pessoas, auxiliá-lo em sua tarefa junto aos necessitados. Enfim, havia encontrado o homem de sua vida e não pretendia deixá-lo escapar de maneira alguma!

Chico não sabia mais o que fazer para se desvencilhar da moça, alegando:

— Minha filha, não é por mim que você se apaixonou e, sim, por Emmanuel. Eu não tenho vocação para casamento e isso seria sua completa infelicidade. Você é jovem, bonita, certamente irá encontrar o homem certo que irá fazê-la feliz. Esse homem não sou eu.

Deu muito trabalho, mas finalmente auxiliado por amigos, Chico conseguiu se desvencilhar dos braços da pretendente. A moça foi-se embora se esvaindo em lágrimas, inconsolável. Alguns dias depois, Chico recebeu uma carta do embaixador, na qual dizia que sua filha estava muito triste, chorando pelos cantos da casa. Em termos muito polidos, o embaixador pedia a mão do Chico em casamento para sua filha. Os termos da carta eram mais ou menos assim: *"Sei que o senhor é homem pobre, de cor, mas como tenho apenas uma filha que é tudo que amo nesta vida, sempre tive como objetivo a alegria de fazer suas vontades. Ela verdadeiramente se apaixonou pelo senhor e do fundo do meu coração desejo que ela seja feliz, decidi então pedir-lhe que se case com ela. Não se preocupe com dinheiro, suprirei todas as necessidades financeiras para que tenham o devido conforto*" — concluía a missiva.

Quando Chico recebeu a carta, sorriu e prontamente respondeu agradecendo a generosidade, mas decididamente casamento não estava em seus planos nessa vida.

Às vezes, pessoas desequilibradas procuravam o Chico, com propostas no mínimo perturbadoras. Em outra ocasião, uma senhora de São Paulo procurou o Chico em Pedro Leopoldo. O médium atendia a todos indistintamente e, na hora do passe, essa senhora entrou com o Chico na câmara e fechou a porta, agarrou-se a ele dizendo:

— Chico, eu vim aqui a pedido do Dr. Bezerra de Menezes porque ele tem me aparecido em sonhos, dizendo que vai reencarnar através de um relacionamento meu contigo.

Chico arregalou os olhos diante da maluquice daquela mulher, que insistia:

— Você já pensou, Chico? Que grandiosa oportunidade? Precisamos ter um filho urgente para permitir o reencarne do Dr. Bezerra!

Então, Chico pediu auxílio aos bons espíritos, clamando:

— Emmanuel, me acuda! Porque pelo que estou vendo, aqui vai acabar nascendo mesmo é um bezerro!

Os bons espíritos imediatamente interviram e a mulher acalmou-se. Em seguida, Chico aplicou-lhe um passe recomendando um bom tratamento espiritual de desobsessão.

Pobre Chico, não bastasse os problemas do dia a dia. Mas esses pequenos detalhes e problemas jamais impediram que ele fosse sempre aquele servidor irrepreensível na moral e no amor em favor do próximo, amando, servindo e seguindo em frente, sem olhar para trás à espera de louros, reconhecimentos ou recompensas.

9

A surra de bíblia

Apesar de todas as dificuldades enfrentadas, Chico sempre foi uma pessoa de bem com a vida. Eram problemas de toda ordem que, entretanto, não impediam que ele continuasse sempre resoluto em sua caminhada em favor do trabalho e da caridade em prol dos mais necessitados. O santo remédio, dizia confiante, era o trabalho: — O trabalho engrossa o fio da vida.

Além da humildade, que é uma conquista espiritual característica de espíritos mais elevados, Chico também tinha uma grande capacidade de rir das próprias tribulações. De todo e qualquer acontecimento, costumava sempre tirar lições valiosas permeadas de bom humor.

No final de 1927, o Centro Luiz Gonzaga então instalado na casa do irmão do Chico, José Xavier, estava com boa frequência de público. Muitas pessoas entusiasmadas se apresentavam como candidatos à mediunidade. Chico observava calado, mas satisfeito. O quadro era promissor.

A cada reunião, os candidatos se manifestavam otimistas quanto ao trabalho mediúnico, talvez sem avaliar adequadamente os compromissos e a seriedade do encargo. As manifestações como estas eram comuns:

— O que mais desejo é ser um médium de psicografia. Como o Chico, escrever poemas e livros — dizia um deles.

— Gostaria muito de desenvolver minha mediunidade de psicofonia, como o Chico — alegava outro.

Chico olhava com cautela, mas sempre procurando encorajar os candidatos, aconselhava:

— Temos que estudar sério e trabalhar muito! Mediunidade requer disciplina, estudo e muito trabalho.

Ouvia-se de outros entusiastas ao sagrado mandato da mediunidade:

— Quero ser um médium de cura! Aliviar a dor das criaturas sofredoras!

O entusiasmo era muito grande e tanto Chico quanto José estavam satisfeitos, embora um pouco parcimoniosos com o que ouviam. Sabiam que quando o serviço surge é que se pode avaliar a veracidade das boas intenções.

Foi o que aconteceu. No final daquele ano, chegou a Pedro Leopoldo uma senhora por nome de Rita da Silva, com quatro filhas completamente perturbadas. Vinham da região de Pirapora, região do Rio São Francisco, no norte de Minas Gerais.

O estado de perturbação das quatro irmãs era algo comovente e ao mesmo tempo assustador: tomadas por terrível obsessão, apresentavam-se em total estado de alienação mental. Gritavam impropérios, agrediam-se mutuamente, mordiam-se de forma animalesca. Uma delas, a mais violenta, teve que ser amarrada.

Naquela noite, após a primeira reunião mediúnica, os presentes apresentavam-se extremamente assustados com aquele estado de obsessão. Por intermédio da psicofonia, Chico deu a palavra à Maria João de Deus, que explicou aos presentes o problema e a oportunidade que se apresentava, dizendo:

— Queridos amigos, temos pedido oportunidade de trabalho e esta é uma grandiosa oportunidade que o Senhor nos enviou. Estas irmãs devem ser amparadas aqui no Centro, com muito amor e fraternidade. A fraternidade é a luz do espiritismo, vamos, portanto, servir com muito amor a Jesus!

Essa reunião ocorreu na noite de segunda-feira. A próxima reunião, que seria na sexta-feira, encontrou o Centro surpreendentemente vazio: apenas Chico, José e as irmãs obsediadas.

Nem Chico e nem José se aborreceram. Sabiam que era assim mesmo. Conhece-se o valor do guerreiro no momento da luta. E, desse modo, continuaram os dois, sob a égide de Jesus e o amparo dos bons espíritos, até que depois de longos meses, foi alcançada a graça da cura completa.

Entretanto, exatamente no meio do tratamento espiritual, José, que era seleiro, teve que efetuar uma viagem inadiável a negócios. Chico ficou sozinho. O tratamento não poderia ser interrompido, o que fazer?

Foi quando Chico ficou sabendo que um senhor de nome Manuel havia se mudado recentemente para Pedro Leopoldo, o qual diziam que era muito bom em doutrinação espiritual. Chico não hesitou em pedir o auxílio daquele irmão, que a princípio parecia um tanto quanto rústico, mas de boa vontade.

O senhor Manuel aceitou o convite e, no dia e na hora combinados, compareceu ao Centro Luiz Gonzaga. Trazia embaixo do braço uma grande bíblia de capa grossa e cor preta.

Chico o orientou adequadamente, dizendo:

— Quando eu incorporar e o espírito se manifestar, não tenha receio. Aplique o evangelho com vigor! Entendeu?

O Sr. Manuel fez sinal afirmativo com a cabeça: havia entendido. Foi então que, após a prece, Chico incorporou o primeiro espírito necessitado. Tão logo começou a manifestação do espírito, o Sr. Manuel não teve dúvidas: pegou a enorme bíblia e com ela desferiu várias pancadas na cabeça do Chico, dizendo:

— Tome evangelho! Tome evangelho! Tome evangelho!

Sob o amparo dos bons espíritos, o obsessor foi afastado e a sessão encerrada. Chico sofreu uma violenta torção no pescoço e ficou com a cabeça dolorida por dias.

Depois de muitos anos, Chico ainda recordava-se daquela noite e, com um sorriso, dizia:

— Posso dizer com segurança que no mundo todo, eu sou um dos poucos que pode dizer que tomou uma surra de bíblia.

E com bom humor, ria gostosamente, recordando daquele episódio insólito.

Em sua simplicidade, Chico sempre nos deixou lições valiosas. Ter a capacidade de rir das próprias desventuras ameniza o problema. Não poderemos ter a pretensão de sermos perfeitos ou infalíveis. De vez em quando, passamos por dificuldades, cometemos equívocos, coisas que às vezes são tão absurdas que nós mesmos nos questionamos: "Como fui capaz de cometer tamanha tolice?"

Todavia, serenidade e equilíbrio para analisar nosso próprio deslize e procurar tirar da lição o valioso aprendizado, buscando não incidir novamente no erro, é condição precípua de evolução. Bom humor para superar a dificuldade é o caminho certo para evitarmos a autoagressão que sempre abre portas para novas perturbações.

10

Pensou que seria preso

Quando veio a lume a primeira edição do livro *Parnaso de Além-Túmulo*, a comunidade intelectual e literária ficou em polvorosa. Na verdade, por meio da psicografia, Chico revivia a poesia maravilhosa de vários poetas já desencarnados, como Augusto dos Anjos, Olavo Bilac, Castro Alves, Fagundes Varela, Pedro de Alcântara, Antero de Quental, Casimiro Cunha, Casimiro de Abreu, Cruz e Sousa, Hermes Fontes, João de Deus, entre tantos outros.

Dentre os vários intelectuais que se mostraram interessados e curiosos ao analisar aquela obra, um deles se destacou: o renomado escritor e jornalista Humberto de Campos, membro da Academia Brasileira de Letras.

O imortal da academia, a exemplo de tantos outros intelectuais da época, surpreendeu-se ao ler o *Parnaso de Além-Túmulo*, encontrando nos poemas fortes evidências e estilos dos poetas mortos. Muitos se indagavam: "seria uma fraude literária bem articulada por algum espertalhão em busca de fama? Seria alguém com capacidade de imitar os vários estilos dos poetas? Seria, porventura, o caso de alguém dotado de prodigiosa capacidade de memória que pudesse gravar e depois grafar os diferentes estilos de cada poeta?" Outros imaginavam que talvez fosse uma forma de propaganda, pela qual, depois de algum tempo, atingido seu objetivo de *marketing*, o autor confessaria ser ele um poeta e o autor dos poemas publicados.

A verdade é que todos ficavam intrigados e se debruçavam esmiuçando a obra literária na busca por algum indício de fraude. Os esforços eram baldados e, de modo geral, surpreendiam-se quando conheciam o responsável por aquele rebuliço todo. Chico Xavier, então com 22 anos de idade, era a figura de um matuto simples, que se via surpreendido por tamanha notoriedade.

Embora não conhecesse pessoalmente o autor daquela obra, Humberto de Campos sentiu-se atraído e interessado diante dos comentários ouvidos, de forma que passou a analisar a obra, reconhecendo surpreso em cada verso, em cada poema, os estilos de variados poetas, de forma real e fidedigna, desde o deslumbrante de Castro Alves, o questionador e filosófico de Augusto dos Anjos, o singelo e profundo de Casimiro de Abreu. Ao final da análise, deu sua opinião, fazendo um comunicado muito interessante a respeito da aludida obra: *"é um prazer ler os versos escritos por Chico Xavier e identificar neles o estilo inconfundível de cada um dos poetas já mortos, o que sem dúvida confere ao autor uma qualidade indiscutível de ouvir e traduzir em palavras os pensamentos dos referidos poetas*".

De princípio, Humberto acreditava na informação pela qual Chico alegava que os espíritos haviam ditado a ele os poemas. E fez uma observação importante aos colegas vivos:

"Se aqueles poetas mortos voltavam dos respectivos túmulos para fazer concorrência sem cobrar direitos autorais, como poderiam os poetas e escritores vivos sobreviverem, diante das difíceis lutas materiais?". No final concluiu: *"Parnaso de Além-Túmulo merece a atenção e o respeito dos estudiosos de forma séria e profunda para dizer se há nele algo de sobrenatural ou mistificação. Por mim estou satisfeito"*.

Para quem torcia o nariz e procurava motivos para fazer críticas infundadas, as palavras de Humberto de Campos foram um importante atestado de idoneidade de Chico e da seriedade da obra literária.

Em dezembro de 1934, Humberto de Campos desencarnou. A impressão causada no imortal foi tamanha que, alguns meses após seu desenlace, Chico passou a sonhar com o escritor. Na verdade, foram encontros devidamente preparados, porque Humberto de Campos, agora do lado de lá, seria um dos autores desencarnados a se utilizar das possibilidades mediúnicas do Chico para trazer sua mensagem de além-túmulo.

Várias obras vieram: *A Palavra dos Mortos*, *Palavras do Infinito*, *Brasil: Coração do Mundo – Pátria do Evangelho*, entre outros.

Todavia, essa parceria traria graves incômodos para Chico Xavier. Um belo dia, estava se preparando para ir ao Centro, como costumeiramente fazia, quando chegou um oficial de justiça trazendo uma carta precatória de um juiz da 8ª Vara Cível do Rio de Janeiro.

O médium levou um susto ao tomar conhecimento do conteúdo da carta. Como os livros traziam o nome de Humberto de Campos e estavam vendendo muito bem, a esposa e seus filhos resolveram reivindicar os direitos autorais e, para tanto, estavam movendo um processo contra Chico e a Federação Espírita Brasileira.

Chico era uma pessoa extremamente simples, vivia uma vida modesta, sem preocupações, sem nunca antes ter se envolvido com qualquer questão judiciária e, por essa razão, sentiu abalar sua estrutura emocional.

Não estava mais conseguindo dormir nem trabalhar direito. Passou alguns dias pensativo, triste e cabisbaixo. A notícia correu pela pequena cidade e a boataria foi intensa. Alguns comentavam que certamente Chico seria condenado e preso. A vontade do médium, saudoso da paz de espírito do sossego do mato, era fugir para algum lugar desconhecido, distante daqueles problemas.

Certo dia estava muito entristecido, pensativo, imaginando o escândalo e a humilhação que seria quando fosse preso. Resolveu orar e o fez com tamanha emoção que chorou. Foi quando Emmanuel se apresentou diante de sua visão mediúnica. O guia certamente sabia do problema, mas sempre perguntava:

— Chico, o que está acontecendo?

— Você sabe, Emmanuel, estou sendo processado. O que fazer?

— Ora, Chico, lei e os tribunais existem para isso. Qualquer um pode ser processado. Qual o problema nisso?

— Mas posso ser condenado?

— Certamente o risco existe, mas para isso existem bons advogados que irão defendê-lo.

Aquela conversa não estava ajudando. Chico parecia já conformado com a prisão, de forma que argumentou:

— Você poderia me dizer se condenado serei preso aqui em Pedro Leopoldo ou no Rio de Janeiro?

Emmanuel sorriu e, acariciando os cabelos de seu tutelado, respondeu:

— Chico, volte ao trabalho e esqueça este problema. Você ainda não tem elevação espiritual suficiente para ter o mérito de ser preso em nome do Cristo.

Dizendo isso, desapareceu. Diante da reprimenda, Chico sacudiu a cabeça, tratou de afastar os maus pensamentos e retornou imediatamente aos seus afazeres e compromissos.

No final do processo, o juiz João Frederico Mourão Russel deu a sentença: a Legislação Brasileira protege a propriedade intelectual em favor dos herdeiros até certo limite de tempo após a morte, mas o que se considera para esse fim, como propriedade intelectual, são as obras produzidas pelo *de cujus* em vida.

A viúva de Humberto de Campos não ficou satisfeita e entrou com apelação. Não se conformava com a sentença do juiz. Todavia, o Tribunal de Apelação confirmou a sentença: os direitos intelectuais da pessoa acabam após sua morte. Foi o ponto final daquele processo difícil para Chico Xavier.

A partir daquela data, por precaução, Humberto de Campos passou a assinar as demais obras psicografadas sob o pseudônimo de "Irmão X", com o qual o autor espiritual brindou-nos com maravilhosa literatura de crônicas, contos, histórias e parábolas evangélicas, iluminadas e esclarecedoras, enriquecendo a literatura espírita cristã com sua contribuição literária, em favor de tantas criaturas.

Mas o que chamou a minha atenção nesse episódio todo foi o seguinte: Chico era uma pessoa simples trazendo como característica principal sua humildade de espírito, trabalhador incansável da Seara do Cristo, exemplificou o amor, foi ao encontro dos pobres e necessitados, estendeu as mãos e levantou os caídos, perdoou incondicionalmente todos aqueles que o magoaram, enfim, viveu uma existência de doação em nome do Cristo. Todavia, diante de uma situação mais difícil, Chico se deixou abater.

Isso ocorre com frequência a qualquer um de nós, e olhe que estamos muito distantes dos méritos do Chico. Se ele se considerava apenas um Cisco, o que somos nós? O pó talvez? Ou melhor, nem pó, como disse Emmanuel, não desmereça o verme, quando Chico disse que era apenas um verme insignificante.

Talvez até esse episódio sirva para ilustrar que todos nós passamos por situações difíceis, dolorosas, complicadas, de dor e agonia. Mas não podemos nos deixar abater. Temos que confiar mais em Deus, pois, como disse Emmanuel a Chico: "Você é ainda uma planta muito frágil, incapaz de suportar os vendavais e ainda não tem mérito para ser preso pelo amor do Cristo!"

Será que isto serve de lição e consolo para nós outros também?

11

A revista *O Cruzeiro*

Na década de 1950, a revista *O Cruzeiro* era o periódico de maior importância e circulação no Brasil, trazendo em suas páginas reportagens contendo assuntos dos mais variados, tanto nos aspectos político e social, quanto no econômico. Os artigos publicados na revista tinham enorme impacto na opinião do público leitor, com repercussão nacional.

Naquela época, Chico já era uma personalidade muito conhecida pelas várias obras psicografadas, inclusive as que motivaram o processo da família de Humberto de Campos.

Pedro Leopoldo estava sempre recebendo visitas de jornalistas, escritores e críticos de literatura. Alguns queriam apenas conhecer o autor daquelas surpreendentes obras. Outros, entretanto, queriam observá-lo de perto, questioná-lo, encontrar o ponto fraco da trapaça, desmascará-lo. Para alguns era um gênio, para outros, um iluminado e, para outros mais, um embusteiro.

Foi com a intenção de conhecer o médium, de poder fazer uma análise crítica mais profunda, de desvendar os mistérios que envolviam a psicografia de Chico Xavier e, quem sabe, de desmascará-lo de uma vez por todas que, em uma bela tarde, desembarcaram em Pedro Leopoldo os dois repórteres mais famosos da revista *O Cruzeiro*: Jean Manzon e David Nasser.

Eles haviam viajado no avião particular de Assis Chateaubriand, que era dono de um império das comunicações: Revista O Cruzeiro, Diários Associados, emissoras de rádio e televisão, a TV Tupi.

Quando chegaram a Pedro Leopoldo, logo perceberam que a tarefa não seria fácil. Em virtude do processo de Humberto de Campos, os amigos procuravam preservá-lo de jornalistas e repórteres inoportunos, fazendo uma blindagem ao médium, evitando expô-lo a dissabores desnecessários.

Jean Manzon e David Nasser bateram às portas da Fazenda Modelo, onde Chico era funcionário, e deram de cara com o administrador da fazenda, Sr. Rômulo Joviano, que foi curto e grosso:

— Chico está em horário de trabalho e não tem tempo para atender nenhum repórter.

— Então, quem sabe assim que ele sair do trabalho? — insistiu o repórter.

Outra negativa do administrador.

— Vocês devem respeitar mais as pessoas e o próprio Chico. Ele anda muito cansado!

Com ironia, Jean Manzon sugeriu então ao chefe que desse férias ao Chico, ouvindo outra resposta atravessada:

— Ora, quem são vocês para ficarem aqui bisbilhotando a vida dos outros? O Chico funcionário da Fazenda Modelo nada tem a ver com o outro Chico.

Dizendo isso fechou a cara e encerrou a conversa.

Sem graça, os repórteres voltaram ao hotel. Todavia, a palavra desistência poderia estar na cartilha de muitas pessoas, não na de repórteres do calibre de Nasser e Manzon. Não tinham saído do Rio de Janeiro até Belo Horizonte, depois engolido poeira no trajeto até Pedro Leopoldo, para retornarem com as mãos vazias.

Bolaram então um plano mirabolante: iriam se passar por repórteres americanos vindos de tão longe para estudar o fenômeno Chico Xavier. Certamente o médium não seria capaz de negar as entrevistas. O piloto do avião, Henrique Natividade, seria o intérprete e eles poderiam trabalhar à vontade, inclusive ouvindo as observações e os comentários que Chico poderia dizer, sem saber que eles estavam anotando tudo.

A ideia era fantástica e o trio vibrou com aquela grandiosa inspiração. Todavia, havia um problema: o mal-humorado administrador da fazenda, Rômulo Joviano. Ele conhecia a identidade dos repórteres e poderia telefonar ao Chico e estragar tudo. Parecia lances de um filme de espionagem, e os três não titubearam: deram um jeito de cortar o fio de telefone da casa do Chico.

A estratégia deu certo. Quando chegaram à sua casa e se apresentaram como repórteres americanos, o médium inocentemente escancarou as portas de sua casa. Eles falavam e Natividade traduzia. Fizeram perguntas e mais perguntas, tiraram fotos inéditas, inclusive uma em que Chico estava quase nu em uma banheira, com um livro de Humberto de Campos em uma das mãos e outra mão sobre a fronte, como se estivesse em transe mediúnico.

Os "americanos", bem à vontade, vasculharam a casa do Chico, os quartos, a cozinha, a intimidade do médium. Foram ao quintal, fotografaram o banheiro ao lado do galinheiro. Enquanto fotografavam e anotavam, Chico inocentemente comentou:

"*O pior é que hoje em dia já não tenho paz. Não bastasse o problema de um processo judicial que estou vivendo, é muita gente que vem do Rio, de São Paulo, de Belo Horizonte e de outros estados. Não tenho mais sossego. Tenho que recebê-los porque cada um vem com seu problema e tenho que dar-lhes minha palavra de consolo, mas a verdade é que tenho me sentido cansado. O telefone não para, é dia e noite tocando: Chico, interurbano de São Paulo, interurbano do Rio, de Belo Horizonte, de Cachoeira e de tantos outros lugares que nem conheço. Tenho que atender mesmo cansado e constrangido. Na verdade, o que eu gostaria mesmo era de ter paz dos velhos tempos, do silêncio e da quietude do mato. Gostaria de ser de novo aquele Chico sossegado e tranquilo de outrora que só se preocupava com as coisas simples. Agora mesmo, nem sei como estou conseguindo conversar com vocês em paz. O telefone não para de tocar e até parece um milagre que até agora não tocou nenhuma vez."*

Os repórteres se cutucaram disfarçadamente e o tradutor desconversou. Mas tanto Jean quanto David anotavam tudo que ouviam.

Depois de quase duas horas de entrevista, agradeceram o entrevistado. Tiraram mais uma foto e se prepararam para ir embora quando Chico ofereceu aos repórteres americanos uma lembrança:

— Emmanuel está oferecendo um livro a cada um de vocês.

Admirados e preocupados, os repórteres observaram quando Chico fechou os olhos, rabiscou uma dedicatória, fechou os livros e os entregou.

Apanharam os livros, jogaram na mala e saíram rapidamente. Quando já estavam a alguns quilômetros de distância, riram bastante. Haviam enganado Chico com farto material de reportagem e fotos inéditas que seriam publicadas na próxima edição da revista.

A próxima edição da revista *O Cruzeiro* trazia em suas páginas a inédita e bombástica entrevista com Chico Xavier. Era um escândalo. O título da reportagem era: "Chico, detetive do além". Os repórteres zombavam do médium, referindo-se à foto da banheira: "Sensacional flagrante de Chico na banheira. Os adversários do espiritismo dizem que tudo é uma farsa, mas para os espíritas, Chico recebe os espíritos seja onde for". Outra fotografia mostrava o médium deitado em uma cama estreita, com um livro nas mãos, a legenda dizia: "Chico lê muito. Dizem que ele é analfabeto, ignorante e que é pouco amante das belas letras. Pura invenção. De tanto ler, Chico teve um problema de catarata inoperável e mesmo assim continua lendo".

Uma fotografia trazia Chico em uma escrivaninha com um lápis na mão, ao lado de uma porção de livros. A legenda dizia o seguinte: "Outra peça de notável valor é a biblioteca de Chico Xavier, onde identificamos livros de vários escritores já mortos, que foram escritos quando em vida por seus autores. Estes mesmos cavalheiros transmitem, segundo Chico, novas mensagens. Na foto vemos Chico copiando trechos dos livros que mais lhe agradam".

Tudo aquilo era muito grave, pois lançava profunda dúvida sobre as mensagens recebidas por Chico Xavier.

Todavia, a reportagem deixou no ar um mistério: como haviam conseguido enganar o entrevistado? Perdendo a oportunidade de lançar uma dúvida: se Chico era vidente, se tinha contato com os espíritos, se tinha acesso a informações que o ser humano normal não tem, como fora enganado tão facilmente?

Quando tomou conhecimento da reportagem, Chico ficou arrasado. O caso Humberto de Campos estava ainda em julgamento e, certamente, aquele material todo iria depor contra ele. Seria uma catástrofe.

Chico não tinha mais sossego, imaginando que certamente o juiz iria considerá-lo um impostor, uma fraude. Já imaginava a sentença condenando-o impiedosamente, e isso o angustiava demais. Em meio a uma crise de choro, viu Emmanuel, que perguntou:

— O que está acontecendo, Chico?

— Você sabe, Emmanuel, estou preocupado com o que vai me acontecer depois da reportagem de *O Cruzeiro*.

— É por isso que está chorando?

— Sim, e não é motivo suficiente?

— Que falta de fé, Chico. Acalme-se e agradeça, pois Jesus foi para a cruz e você só foi para *O Cruzeiro*!

Chico não achou graça nas palavras de Emmanuel, mas parou de chorar imediatamente. Apenas onze dias após a reportagem de *O Cruzeiro*, o juiz João Frederico Mourão Russel deu a sentença. Tanto Chico quanto a Federação Espírita Brasileira haviam sido absolvidos.

Mais de trinta anos depois, foi revelada a trama de como Nasser e Manzon conseguiram a reportagem em que haviam ludibriado um homem simples, sem maldade, humilde e, acima de tudo, de boa fé. Em uma reportagem do jornal *O Dia*, Nasser se confessava profundamente amargurado e arrependido por tudo que haviam feito com Chico. O repórter rememorou aquele dia e, com os olhos marejados de lágrimas, confessou que aquela reportagem era o maior remorso de sua vida. Comentou que dois dias após o retorno de Pedro Leopoldo, já tarde da noite em seu escritório no Rio de Janeiro, dava os retoques finais na reportagem, quando tocou o telefone. Era Jean Manzon que, do outro lado da linha, parecia extremamente nervoso, perguntando:

— Você tem aí o livro que Chico nos ofereceu?

— Tenho sim, mas nem sei onde o coloquei. Está em algum canto do escritório.

— Então ache-o e leia a dedicatória que consta na primeira página do livro.

Nasser conta que deixou o telefone fora do gancho e procurou pelo livro. Quando o encontrou, leu a dedicatória e tomou um susto. Estava escrito: *"Ao irmão David Nasser, oferece Emmanuel"*.

— Como pode ser isso, Manzon? Alguém revelou nossa identidade?

Discutiram com o piloto do avião. Ninguém havia comentado nenhum detalhe a ninguém. Aquilo era um grande mistério. Estavam perplexos. Se Emmanuel sabia a identidade deles, por que permitiu que tudo aquilo tivesse acontecido? A reportagem ainda não havia sido publicada. Estava reservada para a próxima edição e a expectativa era muito grande em torno da matéria, de forma que resolveram fazer um pacto de silêncio, sendo revelado apenas trinta anos depois por um Nasser extremamente arrependido e magoado consigo mesmo.

* * *

Esse episódio da vida de Chico Xavier nos remete a muitas reflexões. A primeira, sem dúvida, nos demonstra que, mesmo nos momentos mais difíceis, não podemos perder a fé e nem nos desesperar.

Chico em lágrimas ouve de seu guia espiritual que Jesus havia ido para a cruz e ele apenas para *O Cruzeiro*. Certamente Emmanuel sabia qual seria o desfecho do processo de Humberto de Campos e que aquilo representava uma prova de confiança em Deus para seu protegido.

Por outro lado, fico imaginando que possivelmente Emmanuel desejava que seu protegido vivenciasse uma experiência adversa, para poder melhor avaliar o "canto das sereias" e a "luz dos holofotes" que a notoriedade e a fama trazem aos desavisados.

A mediunidade é uma faculdade a serviço do Cristo, do amor e da caridade. Todavia, traz em seu bojo algumas experiências para testar o grau de desprendimento do médium, como a vaidade, o deslumbramento e o próprio encantamento no culto da personalidade.

O canto das sereias e as luzes dos holofotes trazem notoriedade que, na verdade, são provas difíceis que os médiuns conseguem vencer apenas com muito exercício de humildade, sem se tornarem celebridades, deslumbradas com o próprio encanto.

Chico sempre foi muito bem preparado para tudo isso e estava vacinado para não se deixar levar pelas luzes da ribalta.

Essa é a grande responsabilidade de nós médiuns! Por essa razão, a humildade do Chico, que diante dos elogios, apenas respondia: — Ah, meus irmãos, quem sou eu? Apenas um Cisco!

12

Um jantar inesquecível

Aquele rapaz humilde de Pedro Leopoldo se sentia constrangido ao notar que era o centro de interesses e curiosidades. Os livros de sua psicografia traziam a assinatura de autores respeitáveis e Chico percebia que isso, mesmo a contragosto, havia conferido certa notoriedade a ele. Sentia que havia perdido para sempre aquela tranquilidade de rapaz pacato de uma cidade pequena, do interior de Minas Gerais. Entretanto, sabia que precisaria conviver com aquele problema e aprender a administrá-lo, sem perder a simplicidade e a humildade. Mas, tinha plena consciência de que esta seria uma tarefa nada fácil.

Muitas pessoas o procuravam movidas pela necessidade, outras por mera curiosidade e, no centro de tudo aquilo, estava um rapaz que apenas desejava paz de espírito. Era gente de todos os lados, convites para comparecer em cidades distantes, em Centros

Espíritas, nos quais ele era a atração principal. Às vezes, sentia-se constrangido com tanta atenção, mas tinha que seguir em frente.

Além da humildade, Chico era uma pessoa extremamente educada e atenciosa, preocupando-se sempre em não deixar de dar atenção a quem quer que fosse. Não poderia jamais deixar de demonstrar alegria e gratidão pelos convites que recebia, procurando cumpri-los sempre com o máximo de simplicidade.

Em 1936, a Sociedade Metapsíquica de São Paulo fez um convite ao médium do *Parnaso do Além-Túmulo* para uma reunião solene em sua sede, localizada na cidade de São Paulo. Desejavam conhecer de perto o fenômeno Chico Xavier, cuja fama já antecipava o homem. No instante em que Chico começou a psicografia, os membros da instituição, bem como as demais pessoas presentes, ficaram boquiabertos com o fenômeno que presenciavam: com um lápis na mão direita e a mão esquerda sobre a fronte, Chico começou a escrever de forma célere. Impressionados, os presentes observavam que o lápis deslizava com rapidez impressionante sobre o papel timbrado da instituição, deixando grafada uma surpresa no final: a mensagem assinada por Emmanuel trazia um texto em inglês, escrita de trás para frente, que só permitia sua leitura através de um espelho.

O público foi ao delírio, aplaudindo Chico com entusiasmo.

Após a exibição, uma senhora muito rica, que também era espírita, encontrava-se presente na apresentação e fez questão de convidar o ilustre mensageiro do além para o jantar em sua mansão.

Meio sem jeito, Chico procurava uma desculpa para recusar o convite, mas os amigos o convenceram a ir e lá se foi o pacato rapaz para o jantar. Quando chegaram, ficou deslumbrado com o tamanho da mansão, do luxo e do requinte. Chico sentia-se desconfortável diante de tanta pompa, ficando meio encolhido e tímido. Alguém lhe disse:

— Chico, é falta de educação recusar a comida. Coma de tudo um pouco e assim você ficará bem.

A anfitriã fez questão de que Chico se sentasse ao seu lado, cercando-o de atenção e muita pompa. O rapaz, todo encolhido, olhava desconfiado, pensando como aquilo tudo terminaria. Eram talheres de prata, copos e taças de cristal, toalha de tecido finíssimo e todos os empregados vestidos com figurinos a caráter. Tudo aquilo provocava muita gastura no matuto de Pedro Leopoldo, que preferia estar no meio do mato descascando e chupando uma laranja ou comendo um simples pedaço de goiabada com queijo.

De repente, ele vê entrando pela porta uma jovem carregando enorme travessa de arroz. Para surpresa de todos, Chico imediatamente se levanta e tenta apanhar a travessa das mãos da jovem. A anfitriã acudiu em tempo de impedir que isso acontecesse. Chico estava chateado, dizendo:

— Não é justo, a coitadinha é muito frágil, tendo que carregar esta enorme travessa de comida enquanto nós, homens, ficamos sentados à toa.

Muitos riram da simplicidade de Chico e só depois de muita conversa, que o convenceram de que aquela moça era uma profissional paga para fazer aquele serviço e que tinha muita prática.

A cada prato que chegava, a anfitriã insistia:

— Coma, Chico, você está muito magro. Precisa se alimentar melhor.

Não podia recusar, pois era falta de educação, então pegava de tudo, enquanto a dona da casa colocava ainda mais um pouco em seu prato. No bufê estavam expostos pratos variados e, cada vez que Chico esvaziava o prato, a anfitriã vinha com outras novidades: "Chico, experimenta isto, mais aquilo" e assim ia enchendo o prato do rapaz, que ia engolindo toda sorte de carnes, assadas, cozidas, ao molho, massas, legumes e saladas.

Chico já se sentia incomodado de tanto que havia comido, parecia-lhe que a comida ia sair pela boca. Sentia-se redondo, suava frio, e seu estômago até doía, mas não poderia fazer desfeita, por isso ia enfiando tudo goela abaixo, enquanto desabotoava o cinto e afrouxava o colarinho da camisa.

Quando pensou que já havia terminado seu suplício, a dona bateu palmas e vieram as sobremesas. O pobre rapaz até revirava os olhos nas órbitas de tanta comilança e a dona, insistindo: "Experimente este pudim, me disseram que você gosta muito de pudim, mas não deixe de comer este queijinho de Minas que comprei especialmente para você, Chico". Depois, veio ainda o café. A dona insistia:

— O café é o *grand finale* do jantar, Chico. Este café é especial, você vai adorar.

Quando tudo terminou, o matuto de Pedro Leopoldo mal podia se mexer e quase não raciocinava mais. Na verdade, quase não conseguia andar e, amparado por um amigo, despediu-se da anfitriã com um sorriso amarelo no rosto, agradecendo o magnífico jantar.

Quando estava na porta, ouviu a dona da casa sussurrar para alguém:

— Meu Deus, o Chico é pequenino, magro e baixinho, mas como come!

Depois de muito tempo, o médium recorda aquele jantar e sorri gostosamente, dizendo:

— Depois daquele jantar, fiquei quase três dias sem ter vontade de comer nada e até hoje, quando me lembro, ainda sinto o estômago doendo de tanta comilança.

Por essas e outras tantas é que é gostoso recordar Chico Xavier. Ele era alguém que tinha a capacidade de rir de si mesmo, deixando sempre um ensinamento de suas dificuldades.

Chico era uma pessoa que não levava desaforo para casa. É verdade, sabem por quê? Porque jamais se sentia ofendido, por mais desaforado que fosse o insulto. Chico sorria e seguia em frente porque já havia aprendido a perdoar, como nos ensinou o Divino Amigo Jesus!

Por isso sentimos saudades de Chico Xavier!

13

O Padre Júlio Maria

Enquanto as páginas do *Parnaso de Além-Túmulo* eram lidas em todo Brasil, deixando seus leitores e intelectuais perplexos, a curiosidade aumentava consideravelmente a respeito do personagem principal, particularmente quando, admiradas, as pessoas tomavam conhecimento de que se tratava apenas de um matuto simples, de uma pequena cidade do interior de Minas Gerais.

Virou rotina uma legião de curiosos desembarcar em Pedro Leopoldo em busca de Chico Xavier. No meio dos visitantes, alguns eram movidos apenas pela curiosidade, mas também havia muitos jornalistas de Belo Horizonte, de São Paulo e do Rio de Janeiro em busca de melhor compreensão sobre aquele fenômeno. Queriam entender como um rapaz simples, que havia cursado apenas o quarto ano primário, fora capaz de escrever pensamentos tão profundos em sonetos cujas rimas e métricas traziam o DNA dos ilustres poetas desencarnados.

A comunidade intelectual da época estava perplexa. Fora apanhada de surpresa pelo fenômeno que representava o *Parnaso de Além-Túmulo*. Os intelectuais liam e reliam os poemas e sonetos, admirados ao identificarem no poema "Vozes de uma Sombra" o brado forte de Augusto dos Anjos:

De onde venho? Das eras remotíssimas
Das substâncias elementaríssimas
Emergindo das cósmicas matérias
Venho dos invisíveis protozoários
Da confusão dos seres embrionários
Das células primevas, das bactérias...

***

Como vivem o novo e o obsoleto
O ângulo obtuso e o ângulo reto
Dentro das linhas da Geometria
A luz de Miguel Ângelo nas artes
E o espírito profundo de Descartes
No eterno estudo da filosofia

Ou ainda a profundidade de Olavo Bilac, no soneto "Aos Descrentes":

Vós que seguis a turba desvairada
As hostes dos descrentes e dos loucos
Que de olhos cegos e ouvidos moucos
Estão longe da senda iluminada
Retrocedei de vossos mundos ocos
Começai outra vida em nova estrada,
Sem a ideia falaz do grande Nada
Que entorpece, envenena e mata aos poucos...

E ainda encontrar o estilo inconfundível na beleza poética de Casimiro de Abreu, Castro Alves, Guerra Junqueiro, Cruz e Sousa, João de Deus, José do Patrocínio, entre tantos outros.

Todavia, aquela notoriedade toda estava incomodando muita gente, especialmente o padre Júlio Maria, da pequena cidade mineira de Manhumirim. Sempre que podia, em seus sermões, ele manifestava sua contrariedade a respeito do espiritismo e, particularmente, a Chico Xavier.

Em suas crônicas e textos que escrevia para o jornal da região, questionava a sua seriedade deixando claro suas dúvidas a respeito dos escritos recebidos pelo médium. Queria saber como Chico conseguia receber tantos espíritos. E de forma jocosa, dizia que o médium deveria ter uma pele grossa como de rinoceronte, ou de jacaré, para suportar tantos espíritos em seu corpo. Destilava seu humor ácido por conta do incômodo da súbita notoriedade e dos estragos que aquele matuto sem graça estava provocando entre os fiéis da região.

A verdade é que, a princípio, Chico procurou não dar importância, nem se incomodar com os ataques proferidos pelo padre Júlio Maria. Mas, quando este escreveu dizendo que ele precisava ter pele de rinoceronte ou de jacaré, Chico ficou chateado.

Pediu orientação a Emmanuel, que, com um sorriso, respondeu:

— Chico, por que tanta preocupação? O padre Júlio Maria tem razão! Toda vez que alguém profere uma crítica, nos oferece uma oportunidade de melhoria!

Diante do silêncio do discípulo, Emmanuel prosseguiu:

— O que temos que ter cuidado é com os elogios, pois, muitas vezes, apesar de bem intencionados, nos conferem qualidades que não possuímos, nos franqueando à perigosa porta da vaidade. Quanto à crítica, preste atenção: se ela procede, procure melhorar, se não procede, esqueça e siga em frente.

Todavia, Chico ainda não estava satisfeito, de forma que resmungou:

— Mas o padre disse que devo ter pele de jacaré ou de rinoceronte!

Emmanuel sorriu mais uma vez, mas respondeu com severidade:

— Chico, de uma vez por todas, se você não tem pele de rinoceronte, é melhor que tenha, porque se cultivar os melindres de uma pele frágil, cairá diante dos duros golpes que certamente ainda virão pela frente.

Em outras ocasiões, Emmanuel orientava Chico por meio de analogias: "A pedra só se transforma em obra-prima depois dos duros golpes do buril".

Chico era a pedra e o padre Júlio Maria exerceu durante vários anos a função do buril. Depois de treze anos de críticas e mais críticas, um dia Chico ouviu a voz grave de Emmanuel:

— Vamos orar por nosso irmão Padre Júlio Maria que desencarnou hoje. Apesar de suas críticas, foi sempre um cooperador valioso de nosso trabalho. Com ele tivemos sempre o estímulo da melhoria, dando-nos coragem para trabalhar a favor do bem na Seara de Jesus!

Ao ouvir as palavras de Emmanuel, Chico se comoveu e chorou. Era incrível, mas não mantinha em seu coração ressentimento algum contra o padre, muito pelo contrário, sentia-se entristecido com a partida daquele homem que, apesar de suas críticas, era sincero em suas palavras. Então, tomado por profunda emoção, Chico orou oferecendo sua oração através de seus pensamentos e suas lágrimas.

Jesus nos ensinou a perdoar sempre. Não sete vezes, mas setenta vezes sete. Não guardar mágoas nem ressentimentos. A boca fala daquilo que está cheio o coração.

Chico não era um espírito perfeito, tinha ainda seus pequenos defeitos, mas já havia aprendido a grandiosidade de conhecer o Evangelho e o que é mais difícil: praticá-lo em sua essência e pureza.

14

O episódio Amauri Pena

1957 foi importantíssimo para Chico, pois começava uma parceria psicográfica com um jovem médico de 27 anos que residia em Uberaba: Waldo Vieira.

O primeiro livro dessa parceria ocorreu de forma insólita. Waldo psicografava de Uberaba os capítulos ímpares e enviava a Pedro Leopoldo, de onde Chico psicografava os capítulos pares. O livro intitulado *Evolução em dois mundos*, de autoria do espírito André Luiz, deixou mais uma vez os teóricos de plantão embasbacados, sendo extremamente complexo, permeado de termos científicos e técnicos, de difícil entendimento até para os mais eruditos.

Os espíritas aplaudiam em entusiasmo crescente. As obras psicografadas pelo médium eram sempre surpreendentes. Desde os romances históricos assinados por Emmanuel, que descreviam os primórdios do cristianismo com riqueza de detalhes impressionantes a respeito de episódios históricos do Império Romano ocorridos nessa época, até livros de cunho científico, como o livro *Evolução em dois mundos*, que fora finalizado em 1958.

Em 1957 ocorreu um episódio que deixou Chico extremamente triste. Seu sobrinho, Amauri Pena Xavier, que residia em Sabará, veio a público para fazer uma denúncia contra o tio. Para justificar sua atitude, alegava que desejava se livrar de um peso que carregava em sua consciência.

Dizia que desde menino escrevia poemas de Castro Alves e que pretendia publicar um livro bombástico como sendo da autoria de Camões, cujo título, por se referir à epopeia da descoberta das terras brasileiras, abençoadas pelo "Cruzeiro do Sul", e assim sendo, deveria ser *Os Cruzilíadas*.

O sobrinho do Chico dizia que o livro já estava pronto e que ele, a exemplo do tio, também tinha facilidade para escrever e que essa obra era fruto de sua própria imaginação, não havendo interferência espiritual alguma. Ele, como seu tio, também tinha facilidade para ler e memorizar textos e para copiar o estilo de diferentes autores.

Afirmava que não havia interferência de espírito algum e que tudo aquilo era mentira e invencionice de seu tio para chamar a atenção do público. Dizia que seu tio era muito inteligente e que lia muito, devorava livros e mais livros, desde os mais simples até os mais complicados, científicos, filosóficos, e que também tinha uma facilidade impressionante para imitar vários estilos dos mais diversos autores.

A denúncia do sobrinho de Chico caiu no meio espírita como uma bomba! Os amigos mais próximos que conheciam Chico e seu sobrinho ficaram extremamente preocupados com o estrago que a denúncia certamente provocaria, proferida por alguém tão próximo.

Realmente, quem conhecia Amauri sabia que o rapaz escrevia há muito tempo aquele poema, que se tornara um grosso calhamaço de versos e poemas épicos que narravam a epopeia espiritual do descobrimento do Brasil, trazendo em seu bojo uma obra intrigante e muito interessante. Sendo essa a razão pela qual o trabalho foi acompanhado durante longo tempo pelo professor Rubens Costa Romanelli, um dos fundadores da União da Juventude Espiritual de Minas Gerais.

As pessoas que conheciam o trabalho de Amauri levavam em conta a seriedade com que se dedicava à escrita e acreditavam em seu potencial, mantendo grande expectativa para a obra quando esta fosse publicada. Certamente traria grandes conhecimentos a respeito dos bastidores espirituais que envolveram o descobrimento do Brasil.

Mas tudo aquilo ruía como um castelo de areia açoitado pela fúria dos ventos e das ondas encapeladas.

A imprensa e os adversários exploraram esse escândalo ao máximo. Os mais importantes jornais da época estamparam em suas páginas as palavras de Amauri Pena Xavier, que atribuía ao tio a autoria dos livros, renegava a influência dos espíritos, levantava suspeitas e colocava dúvidas a respeito de seu tio. O escândalo teve direito até a uma manchete no jornal *O Globo*, do dia 16 de julho de 1958, com o título: "Desmascarado Chico Xavier por seu sobrinho e auxiliar", trazendo na matéria as declarações de Amauri Pena que, cansado de viver o papel de mistificador durante tanto tempo, havia se arrependido e para desencargo de consciência, resolvera revelar toda verdade, vindo a público para desmascarar o próprio tio.

Todos estavam perplexos, mas nada se ouvia dos lábios de Chico, que continuou seu labor cristão comparecendo normalmente ao trabalho na Fazenda Modelo e no Centro Espírita, onde atendia normalmente. Um Chico cabisbaixo continuava no trabalho de amor, fazendo silêncio absoluto diante daquele escândalo terrível. Nenhum lamento, nenhuma reclamação, nenhuma palavra de revolta.

Apenas o silêncio e o trabalho constante.

O senhor Jaci Pena, cunhado do Chico e pai de Amauri, foi uma das poucas vozes a se levantar em defesa de Chico:

— Vocês não devem dar atenção ao que diz meu filho. Ele é um doente da alma e todo mundo sabe disso. Ele bebe muito e é perturbado. Um dia desses, estava caído no jardim da cidade no maior pileque. Não considerem o que ele fala, porque suas palavras não valem nada.

Mas a mídia não queria ouvir a defesa. Queria explorar ao máximo aquele momento infeliz.

Demorou para que a imprensa procurasse o interessado para ouvir de sua própria boca o que tinha a dizer em sua própria defesa. Apenas no dia 29 de julho daquele ano, o repórter do *Diário de Minas*, que foi o responsável pela reportagem denunciatória de Amauri, procurou-o em Pedro Leopoldo. O repórter encontrou um Chico cabisbaixo e entristecido, mas em nenhum momento da entrevista, o médium reclamou ou atacou o sobrinho. Muito pelo contrário, com palavras ponderadas, procurou esclarecer aquele infeliz episódio, sem emitir valor de juízo contra seu detrator.

O primeiro ponto que Chico procurou esclarecer foi a respeito da alegação de que ele era seu auxiliar nas tarefas mediúnicas de psicografia.

— Meu sobrinho não é e jamais foi meu auxiliar nas tarefas espirituais. Ele reside em outra localidade e até hoje não frequentou reuniões espirituais ao meu lado, mas sei que frequenta um grupo espiritual de Belo Horizonte, que é comandado por pessoas muito responsáveis, onde certamente recebeu orientações muito sérias e seguras.

Falou de sua tarefa mediúnica e admitiu não ser uma criatura perfeita. Tinha seus defeitos e suas falhas, enfatizando que nunca havia desejado se tornar uma celebridade, nem ser uma unanimidade, mas que o que mais tinha em seu coração era o desejo sincero de servir a Cristo com simplicidade, trazendo o consolo da Doutrina Espírita e auxiliando os desvalidos. Não pedia nem desejava ser exemplo para quem quer que fosse, apenas desejava trabalhar em paz a favor dos mais necessitados. Agradecia os amigos que, por conhecerem suas obras e a seriedade do seu trabalho, davam-lhe votos de confiança, mas que respeitava as opiniões contrárias dos outros. Procurou defender o próprio autor das denúncias, com palavras de compreensão:

— Meu sobrinho é ainda muito jovem e, por essa razão, traz consigo um idealismo ardente em suas convicções de sinceridade para si mesmo. Ele tem o direito de escolher seu próprio caminho. Eu, por minha vez, com a sinceridade mais pura, do fundo de meu coração rogo a Jesus que o ampare sempre e que ele seja feliz no caminho que escolher.

Naquele instante, Chico fechou os olhos marejados de lágrimas, respirou fundo e prosseguiu:

— Não recebi as palavras por ele proferidas como ofensa, desafio ou acusação. Tenho minha consciência serena e tranquila na graça de Jesus! Todos nós temos que ter a liberdade do pensamento e das convicções religiosas, caso contrário, como seria? Tenho muitos amigos! Amigos de verdade que, em matéria religiosa, não pensam pela mesma convicção que a minha.

Para finalizar, escreveu um bilhete que pediu ao repórter para que o publicasse no dia seguinte: "*Se puder falar ou algo pedir nesta hora, rogo a todos os corações caridosos uma oração à nossa Mãe Maria Santíssima em meu favor, a fim de que eu possa, se for da vontade da Divina Providência, continuar cumprindo honestamente o meu dever de médium espírita sem julgar ou ferir quem quer que seja*".

Depois da entrevista, Chico se calou a respeito do assunto. Na tarefa da Seara do Cristo, não havia espaço nem tempo para melindres, reclamações ou desânimo. O trabalho era um santo remédio para as tristezas e as agonias e Chico literalmente mergulhou fundo no trabalho com Jesus.

O que se seguiu foi muito triste para Amauri Pena. O rapaz, que já tinha problemas com bebidas, desandou de vez. Talvez amargurado pelo peso do remorso e terrivelmente perturbado, descambou na bebida, sendo frequentemente encontrado caído pelas ruas, completamente embriagado e em condições lamentáveis. Acabou sendo internado em um sanatório localizado em Pinhal, no Estado de São Paulo, mas não conseguiu se reabilitar, vindo a desencarnar alguns meses depois de sua internação.

Antes da morte, corroído pelo remorso, o sobrinho de Chico manifestou seu último desejo: queria escrever uma carta pedindo perdão ao tio pelo mal que havia causado. A diretoria da Federação Espírita Brasileira encaminhou a carta a Chico Xavier, que a leu com muita emoção. Quando terminou a leitura, o médium abaixou a cabeça e chorou emocionado, orando para que Amauri pudesse finalmente encontrar sua paz de espírito.

O último desejo de Amauri foi atendido. O de Chico também, porque o médium decidiu que não publicaria a carta do sobrinho e, até hoje, não se sabe o que motivou Amauri Pena a agir daquela forma tresloucada, atacando seu tio de forma descabida.

Toda vez que se falava em Amauri Pena, Chico ficava com os olhos em lágrimas e orava pelo sobrinho. A respeito daquele assunto, ninguém jamais ouviu de sua boca uma palavra de contrariedade, um desabafo ou uma palavra de revide.

Apenas o trabalho, a oração e o silêncio.

Assim nos ensinou o Divino Mestre: perdoar sempre, estender a outra face, não se ofender diante das calúnias, amar, servir e seguir adiante, sem olhar para trás.

Assim agia nosso querido e inesquecível Chico Xavier.

15

A barata na sopa

Se alguém lhe perguntar: o que você seria capaz de fazer pelo seu próximo? Se este fosse alguém a quem você ama, certamente você diria que poderia fazer tudo, desde que não houvesse exagero. Se fosse alguém do seu círculo de amizade, ou algum conhecido, você pensaria duas vezes antes de responder. Mas, se fosse algum desconhecido? Com certeza você pensaria muito antes de responder.

Em sua vida, Chico passou por várias situações em que sempre demonstrou seu espírito de amor, compreensão, solidariedade e, acima de tudo, respeito ao próximo.

Chico foi capaz de lamber a ferida purulenta da perna do Moacir[2], de apanhar da madrinha com vara de marmelo sem reclamar, de suportar os garfos na barriga em silêncio, de conviver com

2 *Moacir era sobrinho de dona Rita de Cássia, a madrinha com quem Chico conviveu por mais de dois anos.*

um grave problema de catarata e com uma angina dolorida que o acompanhou a vida inteira, de trabalhar incansavelmente, de servir sem descanso, de perdoar constantemente e de conviver com a ingratidão de muitos.

Era impressionante a capacidade do Chico em relação ao respeito, à paciência e à tolerância que dedicava ao próximo, principalmente com os mais simples e humildes.

O Chico era um poço de paciência. Tinha um cuidado imenso para não ferir este ou aquele, ou desagradar alguém. Sempre atarefado, encontrava tempo para fazer o que fosse necessário e ainda ir além, superando suas próprias dificuldades e driblando o tempo em favor do bem. Quanto aos amigos de outras cidades que o visitavam nos finais de semana, Chico os recebia com carinho. Mas depois dos trabalhos, já de madrugada, eram brindados com café e bolo de fubá que eram uma delícia.

Chico fazia tudo isso com alegria, porque receber amigos era sua especialidade. Sempre com um sorriso bondoso estampado no rosto, cativava por sua simplicidade franciscana. A casa era simples, — Não reparem! — dizia.

A quem teve esse privilégio, poderíamos ser redundantes e dizer: foram grandes privilegiados. A convivência com Chico, em momentos de descontração, com riso fácil e gostoso, demonstrava que ele tinha um grande senso de humor que era cativante! Era difícil não se apaixonar por Chico!

Mas um dos casos mais impressionantes foi quando Chico, em visita a uma senhora que era sua admiradora, teve que tomar um prato de sopa com uma barata dentro.

Por tudo que comentamos até agora, dona Josefina era uma senhora que nutria verdadeiro sentimento de carinho e amizade pelo Chico. O problema é que dona Josefina, além da idade avançada, era cega. Tinha dificuldades para ir ao Centro e sempre manifestou que seu maior desejo seria um dia receber Chico em sua casa para que ele ceasse com ela.

— Seria a maior alegria da minha vida. — dizia dona Josefina. — O dia em que o Chico visitar a minha casa e se sentar à minha mesa!

Sabendo disso, Chico deu um jeito e marcou um dia para uma visita, rápida, à sua fã. A anfitriã, feliz com a notícia e sabedora que o ilustre visitante gostava de sopa, preparou uma suculenta sopa de legumes.

No dia aprazado, quando adentrou a casa de dona Josefina, Chico sentiu delicioso aroma da sopa de legumes que rescendia pelo ambiente. Duas amigas de dona Josefina, conhecidas do Chico, também estavam presentes para auxiliar de alguma forma a anfitriã, esta não cabia em si de contentamento!

A idosa era muito humilde, mas esmerou-se preparando a mesa, colocando uma toalha quadriculada que certamente guardava há muito tempo, talvez à espera de alguma visita que justificasse tirá-la da gaveta, como fez com a visita de Chico.

A mesa estava pronta e o visitante foi convidado a sentar-se no lugar de honra, que dona Josefina havia reservado a ele: a cabeceira da mesa.

Chico sentia-se feliz. Talvez se estivesse sendo recepcionado em alguma mansão aristocrática, não se sentiria bem, mas como convidado de honra naquela casa humilde de uma senhora idosa e cega, a alegria enchia seu coração.

Imediatamente uma das amigas encheu o prato do visitante, que começou a saborear a sopa, que por sinal, fazia inteira justiça ao aroma. Estava deliciosa e Chico não mediu palavras para elogiar o prato. Com voz pausada e sincera, comentou:

— Dona Josefina, devo dizer à senhora que raras vezes em minha vida tive a felicidade de saborear uma sopa tão deliciosa como esta que a senhora serviu. Lembrou-me da sopa que minha segunda mãe, dona Cidália, fazia.

O elogio era sincero e as palavras de Chico traduziam esse sentimento.

Os olhos mortiços de dona Josefina pareciam criar um brilho novo, e a idosa ficou com os olhos cheios de lágrimas de tanta emoção.

— Ah, Chico, só você mesmo para trazer tanta alegria a uma pessoa que da vida tem apenas o momento de ir embora para o outro mundo. Mas levarei em meu coração este momento de alegria que você me proporcionou.

O ambiente era de muita emoção e discretamente as amigas também enxugaram os olhos, enquanto uma delas encheu novamente o prato do visitante.

A sopa estava deliciosamente tépida, reconfortante e, enquanto Chico se deliciava com a sopa, as amigas pareciam encantadas com a doçura daquele homem tão simples e, ao mesmo tempo, tão atencioso. Não tiravam os olhos do visitante.

Entre uma colherada e outra, de repente, Chico observou uma barata surfando entre as folhas de couve e repolho. Seu primeiro impulso foi de interromper a refeição. Apesar de cega, dona Josefina tinha o senso apurado e percebeu que Chico havia parado de comer, preocupada perguntou:

— O que houve, Chico? Por que parou de comer?

Preocupado, Chico afastou cuidadosamente a barata para a borda do prato e continuou a tomar a sopa, agora de maneira mais espaçada. Naquele instante viu a figura de Emmanuel, que o questionou mentalmente:

— O que foi, Chico? Algum problema?

Naquele diálogo mental, Chico respondeu:

— Uma barata, Emmanuel. Tem uma barata na sopa!

— E o que tem a barata? Você não vai fazer uma desfeita dessas para sua anfitriã que preparou esta sopa com tanto carinho para você.

— E o que faço com a barata?

— Coma, Chico, coma a barata.

Assim, com a colher enrolou cuidadosamente a barata em uma folha de repolho e literalmente engoliu a barata, limpou o prato e, com um sorriso, agradeceu:

— Obrigado, minhas irmãs, jamais em minha vida havia provado uma sopa tão saborosa e substanciosa como esta. Jamais vou esquecer.

Depois de muito tempo, Chico ainda se lembrava da barata na sopa, ria muito e dizia:

— Aquela barata deveria estar muito vitaminada, porque depois daquele episódio, quase não fiquei resfriado, as dores da angina amenizaram por um bom tempo e estou vivo até hoje.

Chico estava completando, naquele ano, 89 anos de idade e estava coberto de razão, pois viveu aqui conosco 92 anos! Aquela barata era mesmo vitaminada!

Amigos, quanta reflexão poderíamos tirar desse episódio. Estamos sempre insatisfeitos, reclamando de tudo, não temos paciência e tolerância para com os semelhantes, particularmente os idosos, inclusive dentro de nossos próprios lares com nossos pais.

Nossos velhinhos, que se encontram no crepúsculo de uma existência, muitas vezes contam apenas com as lembranças da vida para manter a chama da alegria acesa, para sustentar o espírito em corpos que perderam o vigor. Eles são tratados, muitas vezes, com falta de respeito, de paciência, de tolerância e de educação pelos próprios filhos. Muitas pessoas procuram asilos para se livrarem de seus "velhos" e, o que é pior, lá os internam e lá os esquecem, como se procurassem descartar panos velhos e farrapos que se deterioram com o passar dos anos!

Esquecemos que um dia também ficaremos velhos!

Reclamamos da comida que não está ao nosso gosto! Ora com muito sal, ora insossa, ora com condimento demais. Esquecemos de elogiar.

Elogie de vez em quando o esforço de quem preparou com esmero a refeição, mesmo que seja uma simples sopa. O elogio não custa nada e faz milagres.

Poderíamos afirmar com a maior segurança: lamber feridas, apanhar com varas de marmelo, sofrer garfadas na barriga, esquecer ofensas, perdoar sem limites, tomar sopa com barata e ainda encontrar motivos para elogiar: só o Chico mesmo.

16

Vinte contos de réis

Quem é que não deseja a sorte de ganhar na loteria? Sem dúvida, milhões de pessoas apostam todas as semanas e, mesmo não ganhando, continuam fazendo suas apostas, fazendo sua "fezinha" como se diz popularmente.

Já ouvi de muitas pessoas "bem intencionadas" que prometem: se ganharem na loteria, irão ajudar muita gente, contribuir com instituições filantrópicas, auxiliar aos pobres, e por aí vai.

Na verdade a teoria é uma e a prática é outra. Diz um ditado que "de bem intencionados o inferno está cheio". É uma grande realidade. Já conheci pessoas que quando se encontram em situações difíceis – de saúde, financeira e obsessão – prometem com veemência que até lágrimas vêm aos olhos de tanta sinceridade no desejo de cumprir o que se prometeu, mas quando passa a dificuldade, vem a bonança, e frequentemente se esquecem dos compromissos assumidos.

Assim é o ser humano. No momento de dor, são capazes de tudo, mas basta passar a turbulência mais forte para que deixem de lado e, muitas vezes, olvidem a promessa que fora feita em um momento de necessidade mais aguda.

Havia um senhor de Belo Horizonte que visitava constantemente Chico Xavier no Centro Luiz Gonzaga em Pedro Leopoldo. Passava por algumas dificuldades financeiras e havia se afeiçoado ao bondoso médium, que sempre o recebia com uma palavra de bom ânimo e esperança.

A verdade é que esse senhor se tornara um frequentador que comparecia às reuniões sempre que possível. O espiritismo estava renovando-o como ser humano, como ele dizia.

Confidenciou a Chico que o conhecimento da Doutrina Espírita havia permitido que ele revesse muitos conceitos pessoais, reformulando suas disposições íntimas a respeito da vida. Era muito grato ao Chico e ao Centro Luiz Gonzaga que o acolheram em um momento difícil, no qual ele mais precisava de apoio. Jamais haveria de se esquecer do bem espiritual recebido e, por essa razão, seria eternamente grato.

Confidenciou ainda que pedia sempre em oração a bênção da sorte grande. Se um dia ganhasse na loteria, daria como reconhecimento de sua gratidão, vinte contos de réis ao Centro Luiz Gonzaga.

Chico ouviu aquela conversa com estranheza, mas ficou calado.

Parece que o homem era realmente uma pessoa de sorte, porque, passados alguns meses, ganhou na loteria. Mais de 200 mil cruzeiros, uma verdadeira fortuna.

A notícia de sua sorte se tornou pública e, para estranheza geral, o amigo se escafedeu de Pedro Leopoldo. Simplesmente sumiu, não deu mais notícias, desapareceu...

Rico, próspero e sem os problemas anteriores, em uma ocasião, o sortudo foi questionado por um amigo que continuava frequentando o Centro Luiz Gonzaga, que, com um sorriso amarelo, respondeu:

— Imaginem, quando passamos por dificuldades, no desespero, falamos muita besteira! Em minha ingenuidade de um momento de fraqueza, prometi mesmo um auxílio financeiro a um Centro Espírita caso melhorasse minha sorte. Mas olhe só, acredito piamente no destino! Na verdade este prêmio de loteria já estava escrito em meu destino, então por que devo auxiliar alguém? Quanta asneira costumamos, muitas vezes, falar sem perceber.

E o que é pior: passou a evitar se encontrar com Chico Xavier. Se tomava conhecimento de que o médium ia para Belo Horizonte, procurava com antecedência saber exatamente onde estaria, para evitar algum encontro fortuito e desconfortável.

O tempo seguiu em frente. Chico prosseguiu em sua tarefa, amando e servindo em nome do Cristo, sem esperar reconhecimento nem gratidão de quem quer que fosse.

Catorze anos transcorreram e o felizardo da loteria desencarnou. Alguém comentou com o Chico sobre sua morte e, como sempre fazia, o médium orou pelo amigo equivocado.

Depois de alguns meses, em uma das reuniões mediúnicas de intercâmbio espiritual, eis que aparece na sessão o homem da sorte grande. Sem entender o que acontecia, ao dar de frente com o médium, envergonhado procurou se esconder. Quando viu que não era possível, sem graça e evidentemente constrangido, gritou:

— Chico! Chico! Você é meu amigo! Vim aqui para abraçá-lo porque estava com saudades! Preciso pagar minha dívida de vinte contos para com o Luiz Gonzaga!

Aquele irmão se encontrava espiritualmente em lastimável estado. Chico sentiu-se penalizado porque, em seu estado de materialidade, ainda não havia se dado conta de que já se encontrava "do outro lado" da vida.

O espírito se aproximou do Chico para abraçá-lo e o médium caridosamente o acolheu em um abraço fraterno, dizendo:

— Acalme-se, meu amigo, agora já é muito tarde para que você possa pagar qualquer dívida material. O câmbio mudou para você, mas não se preocupe! Sua fortuna agora está em outras mãos.

O espírito parecia inconformado com a notícia, reclamando com veemência:

— Por quê? Nada disso, aquele dinheiro me pertence...

— Desculpe, meu irmão! — retornou Chico, afetuoso. — Mas você não pertence mais ao mundo da matéria. Você está desencarnado!

O espírito se desesperou, reclamou e gritou inconformado. Por fim, depois de palavras amorosas de Chico, já mais calmo, perguntou:

— E agora, Chico, o que fazer?

O médium então lhe respondeu:

— Esqueça-se das coisas materiais, meu amigo. Todos nós somos devedores de Jesus e só quitamos nossas dívidas com amor, trabalho e caridade pelos menos favorecidos. Agora, você terá que aguardar uma nova oportunidade e, quem sabe, em uma futura existência, terá a oportunidade de servir em nome do Mestre, quitando assim todas suas dívidas do pretérito.

Chorando copiosamente, o espírito retirou-se do ambiente amparado pelos benfeitores espirituais.

* * *

Nesse episódio da vida de Chico, poderíamos tirar várias reflexões a respeito de nossa vida e de nós mesmos.

Entretanto, vamos nos ater apenas a uma delas que é o apego às coisas materiais. O excessivo apego aos bens materiais nos enlouquece, nos escraviza, nos deixa cegos. O problema não é o dinheiro em si, e sim a mente que o utiliza. A prova da riqueza é uma prova muito difícil...

A riqueza em mãos operosas e mentes bondosas faz maravilhas. É a creche que ampara crianças órfãs, o asilo que acolhe os velhinhos desvalidos, o hospital que cura e ameniza a dor daquele que sofre, a escola que educa e prepara para a vida os futuros cidadãos.

A riqueza na posse de pessoas egoístas escraviza, enlouquece, endurece e torna infelizes as pessoas que não têm consciência da sua importância em favor do bem.

Existem pessoas milionárias que enlouquecem na ansiedade de ganhar mais e mais, desconfiam de todos, não vivem a vida, não veem seus filhos crescerem e, um dia, normalmente quando já é tarde demais, descobrem que passaram pela vida sem vivê-la, que se pudessem dariam tudo para poder voltar no tempo e reparar o mal que praticaram, passear com seus filhos, ter o privilégio de assistir um crepúsculo ou uma aurora ao lado de quem ama, ter corrido mais na chuva, tomado mais sorvete, sorrido mais, amado mais.

Normalmente quando isso ocorre, já se encontram no leito de morte, acometidos por doenças terminais que, apesar de todo dinheiro que possuem, não conseguem mais prolongar suas vidas, por mais que haja recursos da medicina.

Dizem os benfeitores espirituais que o momento mais grave e solene de nossa vida é quando estamos no limiar da morte. Em questão de segundos, passa em nossa mente um filme da vida, dos momentos de alegria, de tristezas, de fracassos, mas a consciência do espírito se detém naqueles momentos em que agiram de forma equivocada, das dores e tristezas que provocaram e o arrependimento vem tardio. Naqueles segundos solenes, o espírito avalia seus fracassos, suas derrotas e seus equívocos, e chora. Se lhe fosse dado poder, faria de tudo para voltar no tempo e reparar o mal praticado, mas já é tarde demais!

Amigos, não vamos esperar para valorizar o que fazemos das nossas vidas, os valores que nos foram confiados, os afetos que nos enfeitarão a existência quando não mais houver condições de fazê-lo.

Na realidade, nada temos de nosso. Somos meros usufrutuários daquilo que o Pai Misericordioso nos confiou, e que um dia haveremos de prestar contas a Ele. Nada levamos para o "outro lado", porque neste mundo ficam todas as ilusões materiais juntamente com nosso egoísmo, nossas vaidades, nosso orgulho. Nada levamos, apenas as aquisições dos valores espirituais da alegria, do amor vivido, do carinho dos nossos afetos e das lembranças felizes dos momentos que valeram a pena a enfeitar nossa memória.

Nem mesmo nosso próprio corpo nos pertence. Irá para a decomposição orgânica ou para a fornalha incandescente dos crematórios para retornarem ao pó e à energia que circunda o espaço sem fim da eternidade.

Não vamos nos apegar de forma excessiva aos bens materiais porque, caso contrário, se desencarnarmos de forma muito materializada, ficaremos por aí vagando como assombrações apegadas às mesquinharias e às ilusões de uma vida que não mais nos pertence.

Então, quem sabe, se alguma alma caridosa orar por nós e se tivermos a felicidade de encontrar com algum amigo bondoso e esclarecido, como Chico Xavier, este irá nos abraçar em nossa desdita e nos esclarecerá para desapegarmos das coisas da Terra e, finalmente, à semelhança da borboleta que rompe a casca grossa da crisálida, iremos rogar ao Misericordioso Pai da Vida uma nova oportunidade redentora para quitarmos os débitos de um passado equivocado e permeado de erros clamorosos.

17

Os mortos estão vivos

Em 4 de outubro de 1939, Gastão Penalva escreve uma belíssima página no *Jornal do Brasil*, endereçada ao seu amigo Humberto de Campos, com o título "Onde estiver".

Gastão Penalva, na verdade, era o pseudônimo de um conhecido e muito estimado oficial da Marinha Brasileira que, em seu artigo no *Jornal do Brasil*, exterioriza ao amigo desencarnado seu estado de espírito, relatando ao colega domiciliado no além seu desencanto com o ser humano, muitas vezes vivendo ainda em estado de excessivo materialismo. Concluiu seu artigo de forma saudosa e pedindo desculpas ao amigo por perturbar-lhe o sono, finalizando com um sugestivo "até logo".

Esse fato ocorreu no Rio de Janeiro. Chico não havia lido o artigo do *Jornal do Brasil* e desconhecia totalmente o assunto.

Ora, no dia 6 de outubro de 1939, Humberto de Campos escreve, pela psicografia de Chico Xavier, uma carta endereçada a Gastão Penalva. Era uma carta cheia de detalhes emotivos, na qual o escritor maranhense compreende e justifica a doença do ser humano materialista, oferecendo o salutar remédio que haveria de curar e salvar toda humanidade: trata-se de um remédio que foi enviado para nós há 2 mil anos pelas mãos santas de Jesus Cristo. Era uma carta de uma beleza extraordinária, em que cada detalhe da escrita sensível traduzia emoção, bem como o estilo inconfundível de Humberto de Campos.

Como Chico não sabia quem era o ilustre destinatário, enviou a carta à FEB, onde Manoel Quintão encaminhou o original a Gastão Penalva que, ao receber a missiva do além, emocionou-se às lágrimas, surpreso pela resposta tão rápida e consoladora do querido amigo desencarnado. O destinatário, em estado de profunda emoção, declarou que era impossível não acreditar na imortalidade da alma.

O artigo do *Jornal do Brasil* e a carta-resposta de Humberto de Campos foram publicados como parte do conteúdo de um livro publicado pela Federação Espírita Brasileira, intitulado *Novas Mensagens*.

Entretanto, aquele episódio havia provocado um profundo impacto emocional em Gastão Penalva, que rememorava minúcias e detalhes da carta escrita por um morto, por meio de alguém desconhecido e residente em local distante. Estava surpreso, mas plenamente convicto de que quem havia escrito era realmente seu amigo Humberto de Campos. Portanto, este mandava a Gastão Penalva a prova cabal de que, em algum lugar da eternidade, ele continuava mais vivo que nunca. A imortalidade da alma era um fato, reconhecia.

Gastão Penalva sentia necessidade de propagar esse fato e sua certeza na vida além-túmulo. Dessa forma, espalhou o quanto pôde aquele episódio tão importante em sua vida. Em uma ocasião, estando com um amigo chamado João Luso, um homem de extrema inteligência, mas descrente de tudo, Gastão Penalva relatou o fato a ele com riqueza de detalhes e sua convicção da vida após a morte, ao que João Luso retrucou, procurando dissuadi-lo daquela crença absurda:

— Você está impressionado, e quando estamos impressionados, acreditamos naquilo que queremos acreditar. Acho tudo isso bobagem, tudo isso é um sonho, um delírio. Morreu, acabou, não creio que os mortos vivam. Não existe vida após a morte — finalizou.

— Não tem problema, meu amigo — redarguiu Gastão Penalva. — Um dia você terá a prova de que precisa para acreditar na vida após a morte. Espere e verá.

João Luso deu um sorriso, penalizado com o amigo, e foi embora.

Depois de alguns meses, ambos ficaram doentes e, sem que João Luso tomasse conhecimento, Gastão Penalva desencarnou. Passados alguns dias, João se restabeleceu e se dirigiu ao *Jornal do Brasil*, do qual era um dos colaboradores, para atualizar seus artigos a serem publicados pelo periódico.

Quando estava adentrando a portaria do jornal, eis que alguém veio ao seu encontro e o abraçou efusivamente, em seguida apertou suas mãos. O visitante disse a João: — Vim aqui apenas para te ver — e foi-se embora.

João Luso despediu-se do amigo, preocupado com a palidez de sua fisionomia e suas mãos excessivamente geladas. Entrou na redação e exclamou aos colegas:

— Imaginem vocês, acabo de encontrar meu amigo Gastão Penalva que não via há algum tempo, mas fiquei preocupado com seu estado de saúde. Estava muito pálido e suas mãos estavam frias.

O pessoal da redação se entreolhou, admirados e assustados. Um deles comentou:

— Impossível, João, pois Gastão Penalva morreu há mais ou menos quinze dias!

João Luso sentiu um estremecimento e recordou a última conversa que tivera com o amigo. Ficou pensativo por alguns instantes e em seguida declarou em alto e bom som:

— Então é verdade! Gastão Penalva tinha razão! Eu estava errado em meus conceitos.

— E o que Gastão lhe disse, João? — indagou um dos jornalistas.

Com os olhos marejados de lágrimas, possivelmente recordando o amigo desencarnado, João Luso disse:

— Os mortos não estão mortos! Os mortos estão vivos!

Ninguém entendeu o que ele queria dizer, mas a partir daquela data, João Luso modificou completamente seus conceitos a respeito da vida após a morte!

* * *

Muitas foram as provas da existência da vida após a morte que vieram pela belíssima mediunidade de Chico Xavier.

A Allan Kardec coube a grandiosa tarefa missionária para que, mediante sua seriedade e bom senso, materializasse e cumprisse a promessa de Jesus: O Consolador Prometido.

E Chico Xavier soube compreender e valorizar a mediunidade, abraçando-a com amor, desprendimento, renúncia para que pudesse, a serviço do Cristo, trazer à humanidade provas cabais da sobrevivência da alma além-túmulo.

Não mais a ideia terrível dos adeptos do materialismo, como no alerta contido no soneto de Olavo Bilac: "retrocedei de vossos mundos ocos, começai outra vida em nova estrada, sem a ideia falaz do grande nada, que entorpece, envenena e mata aos poucos".

Só não crê quem não quer, como dizia Jesus: "quem tem ouvido de ouvir, que ouça". Infelizmente ainda há muitos que não acreditam na pluralidade das existências, na evolução do espírito, na comunicabilidade entre encarnados e desencarnados. Ainda há muitos irmãos que estigmatizam o espiritismo, considerando-o obra do demônio. Para esses nossos irmãos, nossas orações e nossa compreensão, porque ainda não estão em condições de compreenderem. Apegam-se à letra e não ao espírito. Que pena!

Têm olhos, mas não veem. Têm ouvidos, mas não ouvem.

Chico sofreu muitas perseguições, calúnias e difamações! Sua resposta sempre foi o trabalho em favor dos mais necessitados, que jamais deixou de fazer, e o intercâmbio com o mundo invisível, que jamais interrompeu! Sempre em silêncio e oração em favor dos perseguidores.

Esperamos, nós espíritas, ter aprendido com Kardec a beleza e a profundidade da codificação que nos liberta, nos ilumina e nos esclarece. E também ter aprendido com Chico Xavier no seu exemplo cristão da humildade e do trabalho, perdoando, amando, servindo e seguindo em frente, e como ele, sem esperar recompensas, nem vãs glórias pelos nossos feitos.

18

Falando às paredes

No exercício de seu apostolado, Chico jamais encontrou facilidades. Aqui vai um alerta para todos nós, espíritas, sem exceção: não pensem que pelo fato de termos desenvolvido a mediunidade, iniciado o trabalho da caridade em favor dos menos favorecidos, e de estarmos em constante intercâmbio com o plano espiritual, nos granjeamos a privilégios e condições especiais que nos isentam das dificuldades da vida.

Não desejo desanimar ninguém, mas não existem privilégios pelo fato de trabalharmos em nome do amor do Cristo. Nem o próprio Jesus foi poupado das dores, das dificuldades e da agonia. Da mesma forma, podemos também observar isso na vida dos apóstolos, sem esquecer a grande prova de amor, renúncia e testemunho a que foi submetido o grande apóstolo Paulo de Tarso. Francisco de Assis também passou por muitas privações, perseguições, incompreensões, tendo que dar sua cota de sacrifícios, renúncia e testemunhos pelo amor do Cristo.

Com Chico Xavier não foi diferente. Aliás, para todos os grandes missionários da luz, a dificuldade, as incompreensões, as lutas, as dores, os apodos, as perseguições tinham efeito justamente contrário: eram exatamente as dificuldades que os estimulavam a prosseguir com mais coragem para vencer os reveses da vida, sob a égide do Cristo.

Por que muitos espíritas só pelo fato de trabalharem mediunicamente, de irem duas vezes por semana ao Centro Espírita, pensam que serão poupados dos dissabores da vida? A Doutrina Espírita nos concita ao exercício da melhoria íntima, à prática de atitudes e pensamentos de elevada conduta moral, ao zelo da vigilância e oração constante, além da prática do bem e da caridade como instrumentos para direcionarmos nossa vida, encontrando na alegria de servir o esquecimento de nossas próprias dores, este é o melhor remédio contra as adversidades da vida.

Em momento algum encontramos na Doutrina dos Espíritos promessas de facilidades ou privilégios, como pretendem ou imaginam alguns desavisados. As lutas são duras e constantes, mas é exatamente nas duras lutas que o espírito se fortalece e cresce em entendimento e espiritualidade. O fato de trabalharmos pelo amor do Cristo certamente ameniza muitas dores e sofrimentos, mas não nos exime das tribulações e provas que precisamos atravessar. Certamente, estaremos mais fortalecidos e o amparo dos bons espíritos em nome do Cristo nunca irá nos faltar, mas temos também que dar nossa cota de testemunhos.

Nos primeiros tempos do Centro Luiz Gonzaga, lá estavam dona Carmem e seu esposo, José Hermínio Perácio, José Xavier, dona Geni Pena Xavier e o próprio Chico como trabalhadores infatigáveis daquele pequeno núcleo de oração e caridade.

A exemplo do que hoje ocorre com frequência, muitas pessoas haviam buscado socorro no Luiz Gonzaga, mas tão logo se sentiam melhores, simplesmente desapareciam.

Dona Carmem e José Hermínio tiveram que se mudar para Belo Horizonte por causa de problemas familiares. O grupo de trabalhadores se reduziu a apenas três companheiros.

Por problemas de saúde, dona Geni precisou se afastar dos trabalhos, ficando no grupo, então, apenas Chico e seu irmão. Ocorre que José Xavier, este era um seleiro bem conceituado e muito conhecido na região de Pedro Leopoldo, foi procurado por um credor que tinha significativa quantia referente a couros adquiridos por ele. O credor insistiu que José deveria pagar-lhe o débito prestando serviços noturnos em uma oficina de arreios.

O homem fora intransigente e o devedor não teve outra alternativa que não fosse atender a condição do credor. Dessa forma, mesmo contrariado, teve que se afastar das reuniões do Luiz Gonzaga por alguns meses.

Vendo-se sozinho no labor mediúnico, o médium sentiu desejo de também se ausentar dos trabalhos. Ao olhar o Centro vazio, Chico sentiu-se desorientado, ficando pensativo sem saber exatamente o que fazer, quando surge Emmanuel:

— O que está acontecendo, Chico?

Emmanuel sabia o que estava acontecendo, mas sempre questionava seu discípulo. Meio desenxabido, Chico respondeu:

— O Centro está vazio e não sei o que fazer. Acho que também vou me afastar por algum tempo.

— Você não pode se afastar — respondeu o guia, com autoridade. — Coragem, temos que prosseguir com o serviço!

— Prosseguir como? Não temos trabalhadores, nem frequentadores — respondeu Chico meio sem graça.

— E nós? Você não conta? — respondeu o guia amorosamente.

Naquele instante Chico teve a visão do Centro repleto de espíritos. Emmanuel prosseguiu:

— Nós também precisamos ouvir o Evangelho do Cristo para aprendermos a nos melhorar e reduzir nossos erros. Aqui estão presentes numerosos irmãos desencarnados que necessitam de esclarecimento e consolo espiritual. A partir de amanhã, abra pontualmente às 20 horas, porque vamos estudar as lições do Evangelho do Senhor. E não encerre antes de duas horas de trabalho.

Assim procedeu. Por muito tempo, de 1932 a 1934, Chico abria regularmente o Centro Luiz Gonzaga às 8 horas da noite em ponto, procedia a leitura do Evangelho, comentava em voz alta e só encerrava as atividades às dez horas da noite.

Foi durante esse período que a vidência do Chico se consolidou, alcançando maior abrangência e lucidez. Para os transeuntes que passavam pela rua, estranhavam ao ver que o Centro estava completamente vazio e, no meio do salão, Chico falando sozinho e gesticulando. Todavia, para o médium, estava repleto de pessoas atentas às explanações do Evangelho de Jesus. Ouvia suas perguntas, esclarecia suas dúvidas sob orientação constante de Emmanuel.

Para as pessoas, o Chico estava completamente louco. Até os próprios familiares passaram a observar e ficaram preocupados. Ao ser questionado, Chico esclareceu:

— Eu não falo sozinho, o Centro fica sempre cheio de espíritos necessitados e desorientados. Eles chegam desesperados e tristes, e as reuniões de Evangelho os auxiliam muito. Emmanuel me orientou dizendo que a obra de evangelização não pode ser interrompida.

Os familiares estavam preocupados com tudo aquilo, influenciados pelo falatório das pessoas. Aquilo estava ficando perigoso e Chico era motivo de chacota e riso.

Passaram a observar melhor as atitudes do médium. Um dia, uma das irmãs estava observando-o e ouviu um monólogo insólito e curioso. Chico parecia estar conversando com alguém, mas estava completamente sozinho na sala:

— Tenhamos fé em Jesus, minha irmã.

...

— Não se desespere. Com paciência alcançaremos a paz!

...

— Sem calma, tudo piora!

...

— Tenha confiança em Jesus. Com o tempo, a senhora verá que tudo está certo como está.

Sem poder se conter mais, a irmã do Chico interrompeu a conversa questionando em voz alta:

— Chico, você está conversando com quem?

— Com dona Chiquinha de Paula.

— Que história é esta, Chico? Dona Chiquinha morreu já faz algum tempo.

— Você é que pensa! Ela está aqui e bem viva!

A irmã ficou extremamente preocupada e comunicou aos demais irmãos aquela ocorrência. O povo tinha razão, Chico estava mesmo ficando maluco. Talvez fosse melhor procurar socorro e interná-lo em algum sanatório.

Alguns dos irmãos, porém, ponderaram: como o Chico poderia estar maluco? Estava trabalhando direitinho e cumprindo suas obrigações corretamente. Seria justo considerar um alienado mental um irmão muito querido e atencioso que apenas se preocupava em ajudar os outros? Ficou então convencionado entre os familiares que, enquanto Chico estivesse firme no trabalho e cumprindo com suas obrigações junto à família, ninguém iria cogitar de interná-lo em alguma instituição ou considerá-lo um alienado mental.

Depois de muitos anos, Chico lembrava-se desse episódio e sorrindo comentava:

— O trabalho é uma bênção de Deus! Ocupa nosso tempo, nos auxilia na evolução material e espiritual, nos aprimora no aprendizado da disciplina que precisamos para alcançar a humildade de servir.

Poderíamos ainda acrescentar que, além de todos esses benefícios, o trabalho impediu que seus familiares o internassem em um sanatório de loucos!

19

Apuros no céu

Uma semana após a queda do avião da Air France no Atlântico, tive que viajar para Porto Alegre. Na verdade, viajei muito em minha vida, e antes em minha vida, jamais tivera medo de voar.

Não sei se por causa da idade mais madura, vamos aprendendo a valorizar mais a vida, não sei se por descobrir que somos muito frágeis e que nada sabemos do que o amanhã nos reserva, não sei se por motivo de desconfiança ao descobrir que o ser humano é falho e que a máquina também falha... A verdade é que estava preocupado naquele voo.

Durante os longos anos de viagens, sempre ouvi de pessoas entendidas do assunto e li em literaturas especializadas que o maior perigo em um voo é no momento da decolagem e do pouso. As estatísticas demonstram que são exatamente nesses dois momentos cruciais que ocorre a maioria dos acidentes. Na opinião dos especialistas, é muito remota ou quase nula a ocorrência de uma falha humana ou mecânica quando o avião já atingiu a altitude programada. Quando o avião alcança a altitude prevista em seu plano de voo, ele então é nivelado e passa a ter velocidade constante, isto é, velocidade cruzeiro, momento em que o comandante coloca o avião sob o comando do piloto automático. É o período de calmaria, de tranquilidade, em que o comandante e os pilotos relaxam e os tripulantes passam ao serviço de bordo.

A queda do avião da Air France desmentiu essa afirmativa, porque ele já estava em altitude programada e o voo nivelado quando ocorreu o problema, fazendo com que o *airbus* mergulhasse nas profundezas escuras do Oceano Atlântico, sepultando em sua mortalha líquida quase trezentas pessoas presentes naquele fatídico voo.

O voo de ida foi tranquilo. Cumprimos nosso compromisso na belíssima capital gaúcha e, ao final do dia, retornamos para São Paulo. O voo de volta também se apresentava tranquilo, já havíamos passado por Curitiba, quando o comandante com voz grave anunciou:

— Senhores passageiros, por favor, afivelem os cintos porque iremos atravessar uma região de instabilidade.

Em outros tempos, o comandante informava que iríamos atravessar uma região de turbulência, mas agora o comandante, talvez para não assustar os passageiros, disse apenas que iríamos atravessar uma região de "instabilidade".

Para mim não foi necessário dizer mais nada, já estava preocupado mesmo. Era o final do dia e havia assistido pela janela do avião o espetáculo majestoso do sol se escondendo além da linha do horizonte, oferecendo um belíssimo espetáculo de um crepúsculo a uma altura imensa. Em poucos minutos, a escuridão da noite cobriu tudo com seu negro véu, deixando o céu salpicado de estrelas. Por mais vezes que se tenha viajado, é sempre emocionante assistir a um pôr do sol e depois ver o céu cheio de estrelas cintilantes a 10 mil metros de altura. Parece que estamos mais perto de Deus!

Estava absorto em meus pensamentos, pensando na grandiosidade da criação de Deus, quando a voz grave do comandante despertou-me dos devaneios, trazendo-me um sentimento de apreensão. Rapidamente afivelei o cinto porque, em poucos minutos, o avião entrou na fatídica região de "instabilidade". Gente, põe instabilidade nisso! O avião sacudiu violentamente para todos os lados, subidas abruptas e quedas assustadoras, mais parecendo uma montanha russa sem fim, trazendo a sensação de que o estômago viria à boca. Só faltou dar cambalhotas no ar.

Foram instantes de verdadeiro pavor e a gritaria foi geral. Todos, sem exceção, clamavam pelos santos de sua devoção, muitos chamaram o "Hugo" e encheram os saquinhos apropriados com o resultado do enjoo provocado pelos balanços e sacolejos violentos do avião, que mais parecia uma pequena folha seca soprada pela fúria de Éolo[3]. Em uma fração de segundo, passa tanta coisa pela nossa cabeça, imaginei como a vida é frágil e em pensamento pedi ao Criador que me amparasse naquele momento de agonia! Sinceramente pensei que, a exemplo do avião da Air France, nosso avião também iria mergulhar na escuridão da noite e se espatifar no chão. Já até estava me preparando em espírito para o pior. É tudo muito rápido e nada podemos fazer. Então, é nesse momento que sentimos o quão impotentes somos.

Todavia, confesso que não gritei. Não gritei porque minha voz não saiu, fiquei completamente mudo. Mas, pela vontade do Criador, aquele não era o meu dia e nem o de tantos outros passageiros, companheiros daquela viagem. Depois de alguns minutos que me pareciam intermináveis, saímos da região de "instabilidade" e tudo voltou ao normal. As atenciosas aeromoças, também assustadas, passaram pelos corredores verificando se os passageiros

3 *Éolo, figura mitológica, filho de Poseidon e rei dos ventos. Foi retratado na Odisseia de Homero, a grande aventura de Ulisses.*

estavam bem. Quando uma delas passou por mim, talvez preocupada com minha fisionomia suarenta e pálida, perguntou:

— O senhor está se sentindo bem?

Minha voz não saiu e fiz um sinal negativo com a cabeça. Ela então perguntou novamente:

— O senhor está sentindo falta de ar?

Então minha voz voltou e consegui responder:

— Falta de chão!

Ela sorriu e saiu pensando que eu havia dado uma resposta espirituosa, mas, na verdade, era mesmo tudo o que queria naquele momento: chão. Confesso que naquele dia achei mesmo que havia chegado meu momento.

* * *

Esse fato em minha vida fez-me recordar de um episódio com Chico Xavier. Também ele passou por momentos de apuros em pleno ar, que ele relatou no programa *Pinga Fogo* da TV Tupi de São Paulo, fazendo um relato bem-humorado e arrancando muitas risadas do público presente ao auditório daquele programa. No dia 3 de novembro de 1958, durante uma viagem em um avião turbo hélice de Uberaba para Belo Horizonte, o avião começou a trepidar e chacoalhar com violência em pleno voo. Segundo relato do Chico, o avião parecia fora de controle, jogando-se de um lado para o outro. Os passageiros ficaram assustados e começaram a gritar e clamar por socorro.

O comandante tratou de acalmar os passageiros, dizendo que era apenas um fenômeno atmosférico muito comum e conhecido nos meios aeronáuticos como "vento de cauda". Garantiu que não havia motivos de preocupação e finalizou sua locução dizendo que chegariam ao destino mais depressa. Um dos passageiros mais assustados comentou em voz alta:

— Chegaremos mais depressa para o outro mundo!

Os passageiros estavam assustados e Chico tentava manter a calma, mas estava muito complicado. Os passageiros gritavam, crianças vomitavam e o alarido desesperado tomou conta do avião.

Sem conseguir segurar seu desespero, Chico também botou a boca no trombone e começou a gritar:

— Valei-me, meu Deus! Socorro! Tenha misericórdia de nós!

Havia um padre no avião e ao reconhecer Chico, gritou:

— Chico Xavier está conosco, gente, e também está orando!

— Pela graça de Deus, padre, eu também estou orando!

E continuou a gritar:

— Meu Deus do Céu, valha-me, Senhor!

Dentro do avião, a gritaria era muito grande. Aquele pesadelo parecia não ter fim e, depois de mais de dez minutos de balbúrdia e desespero, Chico observa Emmanuel entrando calmamente no avião. Aproxima-se e questiona:

— O que está acontecendo, Chico? Qual o motivo de tanta gritaria?

Em desespero o médium perguntou:

— Você não está vendo? Estamos em perigo, não estamos?

— Sim, Chico, vocês estão em perigo. Muita gente no mundo está em perigo, qual a novidade? Vocês não são privilegiados!

Ao ouvir aquelas palavras do guia, Chico não teve dúvidas, respondendo imediatamente:

— Então está bem, se estamos em perigo, tenho o direito de gritar!

E botou a boca no trombone, gritando em verdadeiro ataque de pânico:

— Valei-me, Senhor! Socorro!

Os demais passageiros gritavam ainda mais, tornando o ambiente ensurdecedor e fora de controle. Emmanuel olhou com severidade para seu discípulo, dizendo:

— Você é espírita, defensor da imortalidade da alma, não acha que deveria dar exemplo? Essa sua atitude não está contribuindo em nada para melhorar o ambiente, muito pelo contrário! Você com seu desespero está apenas piorando as coisas cada vez mais.

Diante daquelas palavras, Chico calou a boca imediatamente. Emmanuel prosseguiu:

— Não acha que este é um bom momento para demonstrar sua confiança em Deus e na imortalidade? Afinal, para que serve a fé raciocinada que a Doutrina Espírita nos faculta?

Embora calado, Chico insistiu:

— Mas nossas vidas não estão em perigo?

— Sim, estão. E daí?

Então Chico resolveu defender sua condição de ser humano falho que também teme a morte, principalmente a morte violenta, e justificou:

— Estou apavorado como todo mundo! Também tenho medo de morrer, como qualquer ser humano!

Emmanuel foi mais duro na resposta:

— Entendo que você está com medo, mas pelo menos cale sua boca para não piorar ainda mais a situação dos outros com seus gritos. Pelo que me consta, hoje não é o dia do seu desencarne, mas se por acaso o Criador resolveu antecipar sua partida, tente pelo menos morrer com educação!

Dizendo isso desapareceu, e Chico se calou, remoendo seus pensamentos:

— Gostaria de um dia saber como é possível alguém morrer com educação.

* * *

Na verdade, este episódio de Chico nos traz duas grandes reflexões:

1. Fé não significa confiança em Deus? A Doutrina dos Espíritos não nos ensina, por meio do raciocínio lógico, a compreender a fé de forma racional?

Foi o que Emmanuel cobrou de seu discípulo. Na condição de espíritas, temos que dar o exemplo sempre, contribuindo para a melhoria de ambientes deteriorados em desarmonia e desespero. Jamais deveremos fazer algo que deteriore ainda mais um ambiente que já está em condições ruins. Como disse Emmanuel, é melhor se calar do que emitir alguma opinião ou agir com atitudes impensadas e acabar contribuindo para o aumento da desarmonia no ambiente onde estivermos.

2. Chico também nos dá uma lição valiosíssima. Com sua atitude, demonstra o quanto somos falíveis. Muitas vezes pregamos e falamos muito, mas na hora de dar o exemplo, escorregamos feio.

Chico não era perfeito e jamais vestiu a capa de santidade. Ele era uma pessoa simples que soube manter sua simplicidade e humildade apesar dos holofotes e dos cantos das sereias.

Infelizmente existem muitos confrades que têm a fala rebuscada e conhecimento profundo da doutrina, mas vestem a túnica da santidade e, à semelhança de mariposas que sentem atração pelas luzes dos holofotes, permitem que a vaidade e a soberba tomem conta do ego inflado.

Nesse aspecto, a conduta de Chico sempre foi exemplo e, nesse episódio do avião, demonstrou que também era um ser humano falível como qualquer outro, apesar de seu grandioso trabalho de amor, de caridade, de seu relacionamento íntimo com os bons espíritos. Ele absolutamente não tinha privilégios, como bem enfatizou seu guia espiritual.

E nós? Por que muitos espíritas imaginam que pelo fato de serem espíritas, de frequentarem o Centro duas vezes por semana e de operarem no intercâmbio espiritual, tenham algum tipo de privilégio?

Vamos recordar Olavo Bilac no belíssimo soneto do *Parnaso de Além-Túmulo*, intitulado: Aos descrentes.

Vós que seguis a turba desvairada
As hostes dos descrentes e dos loucos

Que de olhos cegos e ouvidos moucos
Estão longe da senda iluminada!
Retrocedei de vossos mundos ocos!

É verdade, muitos de nós ainda estamos com ouvidos moucos e vivendo em mundos ocos.

20

Pequenas atitudes, grandes exemplos

Era uma noite de intenso calor em Uberaba. Chico e Waldo encontravam-se em trabalho de psicografia e, para amenizar a temperatura, deixaram a janela aberta.

Absortos na tarefa mediúnica, não perceberam que entrou um pequeno besouro pela janela, indo imediatamente para o lado da mesa de Waldo, que ao ouvir o zumbido do inseto, interrompeu a psicografia e tentou afastar o pequeno intruso com um tapa.

Assustado, o pequeno animal desapareceu, mas apenas por instantes. Depois de alguns minutos, voltou insistente para a mesa do companheiro do Chico, que desferiu outro tapa no besouro. Se foi atingido ou não, não se sabe. A verdade é que o pequeno animal desapareceu novamente.

Waldo ficou ainda alguns minutos observando onde teria se escondido o importuno visitante noturno. Depois desistiu, voltando à psicografia.

Passados alguns minutos, novamente, ouviu-se o zumbido no ar e dessa vez o visitante foi para a mesa certa. Aproximou-se do Chico e pousou em sua mesa. Curioso, Waldo ficou observando o que seu companheiro de psicografia faria com o pequeno inseto.

Chico olhou para o minúsculo animal, deu um sorriso e com delicadeza pegou-o com uma das mãos, levantou-se e se dirigiu até a janela, e com cuidado o devolveu para a escuridão da noite, dizendo com um sorriso:

— Vá com Deus, meu irmãozinho! Se hoje você não desencarnou nas mãos de Waldo, talvez seja porque você ainda tenha que cumprir alguma coisa em sua vida!

E impávido, retornou para sua mesa, dando prosseguimento ao trabalho de psicografia da noite.

* * *

Muitas pessoas entendem que os grandes gestos é que são importantes. Não negamos absolutamente a veracidade dessa afirmação. Grandes e nobres gestos são características de pessoas que tem grandiosidade de ideais e objetivos altruístas.

Todavia, pode-se avaliar o caráter de muitas pessoas pelos pequenos gestos.

Uma pessoa que acaba de tomar um refrigerante dentro do carro e joga na rua a lata vazia demonstra total falta de educação e civilidade.

Não dar passagem a um pedestre, a uma pessoa idosa, a uma gestante ou a uma pessoa portadora de necessidades especiais demonstra, além da terrível falta de educação, a completa falta de consciência de si mesmo e de respeito para com o próximo.

Responder aos gritos, proferir palavrões em vias públicas, sinalizar com gestos obscenos no trânsito, destruir o bem público, emporcalhar as vias de circulação de uso comum, tudo isso demonstra também, além da falta de educação e de consciência, terríveis e lamentáveis deformidades morais.

Maltratar animais indefesos, infligir aos nossos irmãos inferiores sofrimento desnecessário, submetê-los a torturas gratuitas apenas por diversão demonstra no indivíduo que assim age, perigoso desvio de comportamento e personalidade. "Maltratar os animais é indício de mal caráter", já dizia um ditado antigo.

Precisamos, acima de tudo, ter respeito com nosso próximo, com os mais necessitados e principalmente com nossos irmãos inferiores que são indefesos. São pequenas atitudes de respeito, até com os insetos, que demonstram a delicadeza do espírito, seu grau evolutivo e seu estado de consciência diante da criação.

Francisco de Assis respeitava o ser humano, maravilhava-se com a grandiosa obra do Criador, respeitando a natureza. Nutria carinho especial para com os animais, com os insetos, com as plantas e até com os elementos da natureza.

Seu estado de consciência e seu estado de evolução espiritual eram demonstrados a todo instante nas grandiosas atitudes altruístas do Pobrezinho de Assis, bem como nos mínimos gestos de respeito aos pequeninos seres que rastejavam pelo chão.

Chico Xavier não era diferente! Ele sempre nutriu sentimento de amor, carinho e respeito aos animais. Chico se condoía ao ver um animal maltratado ou abandonado.

Havia um formigueiro no quintal da casa onde Chico morava em Uberaba. As formigas em sua faina trabalhadora começaram a devorar as verduras e legumes da horta, que serviam para o preparo da sopa dos pobres. Os colaboradores da casa, ao verificarem o estrago que as formigas produziam, comentaram a necessidade de comprar veneno para acabar com o formigueiro.

Ao ouvir o comentário, Chico ficou pensativo e preocupado, então decidiu conversar com as formigas. Dirigiu-se à abertura do formigueiro onde as diligentes trabalhadoras entravam e saíam ininterruptamente. Observou-as penalizado. Fechou os olhos, respirou bem fundo e em seguida falou às formigas na entrada do formigueiro:

— Minhas irmãs formigas, vocês também são criaturas de Deus e por isso tenho por vocês o maior respeito. Vocês não sabem, mas estão prejudicando muitas pessoas pobres, porque estão destruindo a horta que auxilia na alimentação de pessoas necessitadas! Vocês têm que parar com isso.

Depois destas palavras, orou baixinho pelas formigas. Em seguida resolveu dar uma sugestão ao formigueiro, dizendo:

— Por que vocês não vão para o outro lado da horta, onde tem um terreno com muitas plantas verdes e grama, além de árvores que a natureza colocou à disposição de todos? Lá vocês poderão se fartar sem prejudicar ninguém! Mudem-se para lá e nos deixem em paz, pois, caso contrário, haverá pessoas que virão com veneno e vocês todas serão mortas!

Dizendo isso, levantou-se e retornou ao seu trabalho. Para surpresa geral, no dia seguinte as pessoas observaram que as formigas realmente haviam deixado o formigueiro e desaparecido. Ficou apenas uma formiga, que Chico chamou de Subversiva!

Chico Xavier era mesmo um iluminado. Tinha atributos espirituais que superavam em muito seus pequenos defeitos, que ele os tinha, mas ficavam tão insignificantes diante de sua aura de amor e sensibilidade em favor dos seres humanos e dos animais.

Amor, sensibilidade, respeito, carinho, amizade, simplicidade, humildade, trabalho, dedicação, caridade, disciplina e muita boa vontade. Tudo isso se resumia em apenas um nome: Chico Xavier!

Sem endeusamento, sem culto à personalidade, sem firulas nem rapapés, simplesmente Chico!

21

Uma mulher admirável

Existem pessoas nesta vida que jamais deveriam ser esquecidas, por seu exemplo de amor e dedicação ao próximo. Chico Xavier é uma delas, mas não poderíamos deixar de mencionar irmã Dulce, irmã Teresa de Calcutá e, sem dúvida alguma, uma criatura que é tão pouco conhecida e reconhecida por tudo que fez em favor de irmãos sofredores. Estamos falando de nossa querida irmã Aparecida Conceição Ferreira.

Afinal, quem foi Aparecida Conceição Ferreira?

Boa pergunta. Essa mulher de origem humilde era enfermeira e cuidava dos doentes no setor de isolamento da Santa Casa de Misericórdia de Uberaba, que atendia pessoas portadoras de doenças contagiosas. Essa é uma tarefa difícil e muitas pessoas torcem o nariz ao saber que estão lidando com pacientes portadores de doenças que podem trazer contágio.

A enfermeira Aparecida Conceição era um exemplo de cuidado, carinho e respeito com os pacientes e se comovia com o sofrimento daquelas criaturas no exercício de seu trabalho. No dia 8 de outubro de 1958, ficou extremamente preocupada com a situação de doze pacientes portadores de uma doença chamada "pênfigo foliáceo", popularmente conhecida como "fogo selvagem", que, em plena eclosão, enche o corpo de bolhas que abrem crostas na pele e nas mucosas ao estourarem, feridas que produzem dor muito intensa, queimando como se fossem de fogo. Esses pacientes receberam alta porque os responsáveis pelo hospital entenderam que o tratamento era extremamente dispendioso e que não havia perspectiva de cura.

Dona Aparecida Conceição tomou, então, uma decisão corajosa que mudaria sua vida para sempre: inconformada com a insensibilidade da direção do hospital, demitiu-se e saiu pelas ruas de Uberaba acompanhando aqueles doze infelizes, pedindo auxílio e abrigo para que pudessem ser acolhidos e tratados.

Era uma cena comovente ver aquela valorosa mulher à frente de um grupo de esfarrapados, que exibiam feridas ensanguentadas e purulentas. Por onde passavam, deixavam marcas de sangue no chão, provocavam repulsa da maioria das pessoas, que procuravam evitá-los, desviando-se da trajetória daquele cortejo infeliz.

Não houve criatura que se comovesse ou que tivesse coragem suficiente para tomar alguma atitude. As pessoas simplesmente batiam as portas, fechavam as janelas, enquanto outras fugiam pelas ruas, apavoradas com a fisionomia, exibindo sentimento de repugnância e nojo.

Não teve jeito. Depois de uma longa caminhada infrutífera, em lágrimas e comovida pelo sofrimento daqueles irmãos, dona Aparecida os acolheu em sua própria casa. Foi o bastante para provocar tumulto na vizinhança e em sua própria família. Seu marido e seus filhos ficaram horrorizados e deram o ultimato:

— Você escolhe: eles ou nós!

Diante do marido e dos filhos, dona Aparecida abaixou a cabeça e em lágrimas respondeu:

— Eles! — disse apontando os doentes.

Os doentes ficaram, então, na casa de Aparecida e sob os seus cuidados por quatro dias. Depois disso, alguém que havia se comovido com a história decidiu alugar um barracão para que eles pudessem ser acomodados provisoriamente, mesmo que de forma precária. Não demorou mais do que alguns dias quando a prefeitura de Uberaba comunicou à dona Aparecida que estava cedendo um pavilhão no Abrigo de São Vicente de Paulo para os pacientes. Era um local temporário até conseguirem um local definitivo, mas isso se prolongou por mais de dez anos.

Os doentes passaram a ser a nova família de dona Aparecida Conceição Ferreira, e esta passou a morar com os pacientes desde a primeira noite no pavilhão do abrigo.

Nos anos seguintes, o número de pacientes quadruplicou, exigindo que a enfermeira se desdobrasse para atender a tão grande demanda causada por aquela doença tão terrível. Entre os doentes, havia um paciente que, além da doença do "fogo selvagem", também apresentava sintomas de loucura. Dona Aparecida ainda não conhecia Chico Xavier, mas já havia ouvido falar muito a respeito do médium e, então, resolveu procurá-lo.

Quando chegou à Comunhão Espírita Cristã, um amigo apontou a figura do médium, dizendo:

— Aquele é Chico Xavier!

Naquele momento Chico psicografava e dona Aparecida o viu e se surpreendeu ao verificar que, ao lado do médium, havia uma figura vaporosa. Quando ela fixou os olhos, observou que era um personagem que ela conhecia, por ter visto sua figura anteriormente em muitos livros escolares: era, nada mais, nada menos, que Castro Alves.

Como estava acompanhada do doente louco, e este se apresentava muito agitado, decidiu voltar para o abrigo com a intenção de retornar outro dia para conversar com Chico.

No dia seguinte, teve uma surpresa: recebeu de um portador em nome do Chico roupas para os doentes, além de cobertores, fronhas, lençóis, travesseiros, pijamas, toalhas de rosto e de banho, e também produtos de higiene pessoal para eles. Para a enfermeira, Chico enviou três vestidos novos e um par de sapatos.

Dona Aparecida sequer havia conhecido ou conversado com o médium, mas Chico enviou tudo que ela mais precisava. Ela até chorou de emoção, porque não tinha dinheiro para comprar roupas ou leitos para os doentes, nem roupas para si mesma. Andava descalça pelo corredor do pavilhão do hospital e possuía apenas um avental.

Mas as surpresas não pararam por aí. Na semana seguinte, a enfermeira estava agoniada às voltas tentando levantar recursos financeiros para comprar óleo de cozinha, porque não havia mais nada na despensa. Precisava de doze cruzeiros no mínimo. De repente, sem nenhum aviso, apareceu ninguém menos que Chico Xavier. O médium estava sozinho e, com um sorriso nos lábios, cumprimentou-a de forma carinhosa e educada:

— Bom dia, irmã Aparecida Conceição!

A enfermeira olhou para o médium e não acreditou. Chico abraçou-a com carinho, estendeu um envelope que continha exatamente trezentos cruzeiros. Chico esclareceu:

— Aí tem, irmã, uma pequena quantia que vai permitir que compre o óleo que necessita para sua cozinha e também adquirir alimentos para reforçar a despensa!

Aparecida não estava acreditando no que ouvia! Até então, não tivera interesse algum pelo espiritismo, mas aquele episódio provocou profunda comoção em suas convicções íntimas. Mas Chico não esperou por agradecimentos e, passando pelos corredores abarrotados de doentes, a cada um estendeu as mãos, deu um abraço e um sorriso, em seguida foi embora deixando mais um abraço naquela mulher batalhadora. Essa atitude impressionou ainda mais Aparecida da Conceição. Nasceu, então, uma amizade profunda entre eles e também um sentimento de gratidão naquela mulher extraordinária.

Nos anos seguintes, o número de pacientes havia atingido 187, chegando finalmente, em 1961, a um número alarmante de 363. O pavilhão do Abrigo de São Vicente de Paulo ficou muito pequeno para abrigar tantos doentes. Diante daquele problema, Aparecida enfiou na cabeça a ideia de construir um hospital, onde pudesse abrigar com dignidade tantos pacientes. Mas como faria isso? Iria precisar de muito dinheiro e ela não tinha absolutamente recurso algum. Muito pelo contrário, lutava contra dificuldades financeiras imensas e o que conseguia era apenas para manter o atendimento dos internados. Precisaria de uma fonte extra de dinheiro, mas onde conseguiria esses recursos?

Uma pessoa, sabendo da ideia de Aparecida, procurou-a, oferecendo para venda um terreno com área suficiente para atingir seu objetivo, mas o preço era de 300 mil cruzeiros. Mesmo sendo muito dinheiro, o preço era convidativo. Dona Aparecida não titubeou: mais uma vez saiu às ruas com os doentes que podiam caminhar, implorando por auxílio. As pessoas novamente viravam o rosto sem disfarçar a repugnância, outras fechavam as portas à simples aproximação do grupo e ainda havia aquelas que, depois de passarem, jogavam água e sabão, esfregavam o chão e ainda jogavam álcool para desinfetar o local por onde eles haviam estado.

Nada daquilo impressionava essa guerreira que, motivada pelo sentimento de amor aos infortunados daquela doença, prosseguia firme em seu propósito. Depois de muita luta, finalmente conseguiu a quantia almejada e, então, adquiriu o sonhado terreno.

Depois de concretizado o negócio, começou o trabalho de limpeza do terreno. Cortou árvores, limpou tudo e lançou a pedra fundamental do hospital, quando descobriu que havia cometido um grave equívoco: o homem que a procurara para vender o terreno era um estelionatário e ela fora vítima de um golpe. Os verdadeiros proprietários apareceram e exigiram que ela desocupasse o terreno, sob ameaça de processo judicial por invasão de propriedade alheia.

Desesperada, partiu em busca de orientação junto de Chico Xavier.

Dessa vez aquela mulher maravilhosa e batalhadora fizera a coisa certa. Chico a encaminhou a um corretor de imóveis, seu amigo, e em pouco tempo, ele descobriu um terreno melhor do que o anterior por 260 mil cruzeiros. Mas Aparecida continuava com um grave problema: onde conseguiria agora os recursos para adquirir outro terreno? Ela não tinha mais coragem de aborrecer o povo com seu exército de doentes.

Mais uma vez procurou Chico para agradecer. Disse a ele que, como não tinha recursos, pretendia ir à cidade de São Paulo para implorar por auxílio. Ouvira dizer que o povo paulista era muito bondoso, bastava estender as mãos que o povo ajudava. Então Chico perguntou se ela conhecia São Paulo. Aparecida sorriu desconcertada, estendendo a mão e apontando para a direção sul, dizendo:

— Só sei que fica prá lá...

— Filha, você vai para São Paulo, sim, porque é lá que você irá conseguir os recursos que necessita.

Em seguida estendeu-lhe um cartão, recomendando que procurasse aquela pessoa. Era um radialista amigo, disse Chico.

Dona Aparecida não pensou duas vezes. Tomou um ônibus e rumou para São Paulo. O radialista era dos Diários Associados, e este a apresentou para nada menos que Assis Chateaubriand que, comovido com a história daquela mulher, abriu as portas do Diários Associados, grandioso grupo jornalístico, radiofônico e televisivo, à disposição daquela mulher, em uma fantástica campanha em prol do Hospital do Fogo Selvagem. Ao final da empreitada, a campanha rendeu 720 mil cruzeiros!

Aparecida retornou à Uberaba radiante de felicidade! Havia conseguido a quantia suficiente para adquirir o terreno e iniciar a construção do hospital! Diante de sua euforia, Chico recomendou cautela:

— Tenha calma, minha irmã. Ainda não é o momento adequado, pois ainda virão algumas tempestades. Espere mais um pouco!

Mas o entusiasmo de Aparecida era muito grande e ela não deu ouvidos para o conselho do Chico. Contratou a terraplenagem do terreno, adquiriu 22 mil tijolos e estava feliz com a perspectiva do início da construção. Todavia, alguns vizinhos, ao verem a grande quantidade de tijolos, pediram emprestado com a promessa de que devolveriam em seguida, mas nunca o fizeram. Outra grande quantidade simplesmente desaparecia noite após noite, levada pelos amigos do alheio que, na calada da noite, aproveitavam para surrupiar os materiais expostos no terreno.

Quando se deu conta, Aparecida percebeu que estava sem material para iniciar a obra. Foi quando se lembrou do conselho do Chico e, chateada, esperou com paciência.

Depois de alguns meses, em janeiro de 1962, Chico apareceu novamente no hospital para orientar aquela trabalhadora incansável. Com um sorriso nos lábios, Chico aconselhou:

— Agora, sim, pode colocar os ovos na chocadeira, porque é a hora em que virão os pintinhos. Não espere pelos poderes públicos, mais uma vez é o povo de São Paulo que irá ajudar.

E mais uma vez Aparecida desembarcou na capital Paulista, acompanhada de alguns pacientes do hospital. Embaixo do Viaduto do Chá, começou a pedir aos transeuntes que, assustados, vendo aquela mulher acompanhada de pessoas doentes pedindo dinheiro, chamaram a polícia. Dona Aparecida acabou sendo conduzida ao Distrito Policial e foi presa por esmolar em nome de um hospital que ainda não existia.

Ficou detida em uma cela por oito dias, até que autoridades de Uberaba se mobilizaram para provar sua honestidade. Vieram atestados de idoneidade da Câmara de Vereadores de Uberaba, carta do próprio prefeito daquela cidade, do delegado de polícia e de um juiz daquela comarca.

Finalmente, dona Aparecida foi solta e a campanha prosseguiu, conseguindo arrecadar dinheiro para construir o tão sonhado hospital. Depois da construção concluída, começaram a surgir boatos de que dona Aparecida havia se apoderado de dinheiro das campanhas. A cada sala construída, a cada ala ampliada, vinham novos e maldosos boatos de que ela estava enriquecendo com dinheiro de doações.

Um dia, chateada com tanta boataria, até pensou em parar. Procurou, mais uma vez, Chico Xavier e ouviu um conselho firme:

— Nem pense em fazer isso, porque se o fizer agora, vão dizer por aí que você já roubou o suficiente.

O rosto sofrido de dona Aparecida ficou molhado de lágrimas e, enquanto soluçava comovida, ouviu Chico concluir com sua voz doce e consoladora:

— Não importa o que dizem as más línguas, irmã. O que importa é sua consciência tranquila do bem que pratica e o bem que faz a estes irmãos infortunados. Você é um anjo que veio para este mundo para cuidar destes infelizes! Continue seu trabalho e não dê importância àqueles que nunca fazem nada, mas que trazem a língua afiada na crítica destrutiva.

Aquela mulher valorosa, acostumada ao trabalho constante, sem descanso, com o corpo já alquebrado por tantas lutas e renúncias em favor dos irmãos sofridos, abraçou Chico e chorou comovida.

— Obrigada por tudo, Chico! Você é que é um anjo que veio para amparar a mim e a tantos outros irmãos necessitados deste mundo! Obrigada, Chico, Deus te pague, porque apenas Ele pode recompensar um anjo como você. — finalizou.

Tomada por profunda gratidão a Chico Xavier, Aparecida finalmente se tornou espírita, mas se considerava apenas uma enfermeira a serviço do Cristo. Depois de algum tempo, em uma visita a São Paulo, resolveu participar de uma reunião espiritual em um centro espírita, perto do local onde se encontrava hospedada.

Adentrou o recinto de forma anônima e assim permaneceu durante a sessão. Era uma completa desconhecida naquele ambiente. No encerramento da reunião, o dirigente pediu silêncio a todos, dizendo que o Mentor dos trabalhos estava informando que estava presente naquela sala a dirigente do Hospital do Fogo Selvagem. Pedia sua presença à mesa.

Dona Aparecida ficou quieta em seu canto, mas o dirigente insistiu:

— Por favor, dona Aparecida, estamos pedindo por orientação do Mentor dos trabalhos, que a senhora se apresente para aplicar um passe na presidente desta casa, que se encontra acamada, vítima de paralisia.

Titubeante e surpresa, Aparecida se apresentou e foi conduzida até uma sala onde se encontrava uma senhora prostrada em um leito. Os médiuns fizeram um círculo e dona Aparecida sentiu uma energia muito poderosa, mas agradável, com sensação de calor nos braços. Ela jamais havia aplicado um passe em sua vida, mas por intuição levantou os braços, estendendo-os em direção à doente. Fechou os olhos e orou. Sentiu que energias saíam de suas mãos e, depois de alguns minutos, observou que a mulher parecia estar com um aspecto bem mais saudável. No dia seguinte, a presidente do centro espírita estava em pé.

Tornaram-se grandes amigas, e recém-curada, agradecida, passou a auxiliar dona Aparecida em suas campanhas pelo Hospital do Fogo Selvagem. Depois daquele episódio, a enfermeira passou a aplicar passes em seus próprios pacientes, com resultados surpreendentes.

O Hospital do Fogo Selvagem abrigaria, ao longo dos anos, não apenas os doentes da terrível doença, mas também todos os necessitados que aportavam para aquela região.

Dona Aparecida, sempre incansável em sua luta pelos doentes e aflitos, tornou-se uma amiga e admiradora incondicional do médium Chico Xavier, o qual, sempre que sobrava um tempinho, dava o ar da graça no hospital dirigido pela dedicada enfermeira, que dizia sempre com um sorriso:

— Quando Chico Xavier chega a esta casa, tudo se ilumina! Chico não se esquece da gente e sua presença nos traz alegria, porque sei que Jesus está com ele. É como se o próprio Jesus estivesse nos visitando.

Dona Aparecida Conceição Ferreira, uma mulher simples, mas com muita coragem. Uma mulher de fibra, mas com muito amor no coração. Uma mulher valente, mas com sensibilidade de alma. Uma mulher lutadora, mas, acima de tudo, confiante em Deus e no fruto do trabalho honesto. Uma mulher de atitudes singelas que fez uma enorme diferença dedicando sua vida de forma incondicional, enfrentando impropérios, apodos, perseguições e calúnias pelos doentes, desvalidos e necessitados. Sem jamais esmorecer e deixar de acreditar em Deus!

E quando, em algum momento, sentiu fraquejar, lá estava o querido amigo Chico Xavier apoiando, orientando, inspirando e auxiliando de forma efetiva aquela mulher valorosa.

Fica aqui registrado nosso reconhecimento imorredouro à dona Aparecida Conceição Ferreira, esquecida por muitos, desprezada por outros, desconhecida por tantos, mas não por Deus! Nem por Chico Xavier, o eterno amigo.

22

Jésus Gonçalves

A vida de Jésus Gonçalves foi outro grande exemplo de trabalho, fé inabalável em Deus e muita amizade por Chico Xavier. Nasceu na pequenina cidade de Borebi, na região noroeste do Estado de São Paulo, no dia 12 de julho de 1902. Sua vida nunca foi fácil, desde sua infância de lutas, agruras e dificuldades inerentes a uma família de parcos recursos.

Não podendo frequentar escolas além do nível primário, Jésus Gonçalves foi um autodidata. Na mocidade, enquanto outros jovens buscavam diversão e folguedos próprios da juventude, lá estava ele mergulhado na incansável leitura de livros e mais livros em busca do conhecimento.

No anseio de auxiliar os pais no sustento da família, trabalhou em serviços pesados desde os 10 anos de idade como auxiliar de pedreiro, ajudante de carpinteiro e operário rural. Apesar da pouca idade, serviço não era empecilho para o jovem Jésus, que sempre tinha como companheiro um bom livro para ler.

Aos vinte anos, transferiu-se para a cidade de Bauru, onde conseguiu trabalho como funcionário administrativo da prefeitura dessa cidade, função que exerceu por longos anos. Casou-se ainda jovem com uma moça chamada Teodomira, que era viúva com duas filhas pequenas. De seu casamento, Jésus teve quatro filhos: Jaime, Jandira, Helena e Carlos.

Sofreu com a morte da esposa, vitimada pela tuberculose, deixando-o com uma numerosa prole para cuidar. A dor pela perda prematura da esposa, aliada às dificuldades para cuidar dos filhos pequenos, foi apenas o começo de muitas lutas e sofrimento na vida de Jésus Gonçalves.

Tentou contratar empregadas para cuidar da casa e dos filhos, mas deparou-se com um problema de difícil solução: nenhuma empregada parava no trabalho. Todas elas iam embora depois de alguns dias. Posteriormente, já em situação de desespero, descobriu o motivo de tantas empregadas abandonarem o serviço. Jaime, seu filho mais velho, naquela época com 7 anos de idade, simplesmente despachava-as, dizendo:

— Papai não gostou de você e mandou dizer que está despedida!

Uma vizinha, Anita, condoída da situação, começou então a cuidar da casa e das crianças de forma desinteressada. Depois de algum tempo, talvez agradecido pela dedicação que aquela mulher demonstrava aos seus filhos, Jésus acabou por se envolver com Anita, vivendo maritalmente com ela por mais de doze anos.

Foi no ano de 1930, ocasião em que Jésus ocupava o cargo de tesoureiro da prefeitura de Bauru, quando tomou conhecimento de que estava acometido pelo temível mal de Hansen. Acabou por ser exonerado do cargo que ocupava, pela simples mácula de ser portador desse mal terrível. A Câmara da cidade permitiu que ele residisse por algum tempo em uma casa daquela edilidade. Sentiu uma imensa amargura dominar seu coração, ao perceber na reação das pessoas a dureza do estigma que a doença provoca. Alguns amigos ofereceram uma chácara em local afastado, onde passou a residir com a família, enfrentando não apenas o preconceito, mas a dureza da miséria, das privações, da fome e das necessidades básicas.

Infelizmente, seu filho Jaime também contraiu a doença e, em 1931, foi internado na colônia de Aimorés, próxima a Bauru, onde permaneceu até 1937, ocasião em que foi transferido para a colônia de Pirapitingui, nas cercanias da cidade de Itú, no interior de São Paulo, até seu desencarne em 16 de fevereiro de 1947.

A luta de Jésus Gonçalves na cidade de Pirapitingui foi permeada de revolta, amarguras, lutas e muito sofrimento, mas jamais se deixou abater. Até tomar conhecimento do Espiritismo, seu coração destilava por meio de sua veia poética toda amargura que corroía sua alma, quando escreveu o seguinte poema, em 1940:

Onde andará um "não sei o que", um bem
Em cuja busca sou judeu errante?
Por onde passo, já passou também
E quando chego, já partiu há instante

Não sei se está na vida, ou mais adiante
Dentro da morte, nas mansões do além
Se está no amor, se está na fé, perante
Os dois altares que esta vida tem

Mas, se esta vida é um sonho, a morte o nada;
O amor um pesadelo; a fé um receio
Por que manter-se em luta desvairada?
No entanto eu sigo, acovardado e triste
A procurar em tudo em que não creio,
A coisa que me falta e não existe!

Foi em 1943 que finalmente descortinou as luzes do Espiritismo, tornando-se um trabalhador incansável da Seara de Jesus. Não se importava mais com a dor e a agonia da doença que havia estigmatizado sua vida. Trabalhou incansavelmente em Pirapitingui para construir um núcleo espírita naquela cidade-colônia.

Após esse período, passou a escrever lindos poemas, um dos quais era uma resposta que dava a si mesmo, o soneto que escreveu em 1943:

Hosana! Eu já encontrei o grande bem
Em cuja busca fui judeu errante!
É o facho luminoso que contém
A luz que me ilumina a todo instante!

E ele está na vida e mais adiante
Dentro da morte, nas mansões do além
Está no amor, está na fé, perante
Os dois altares que esta vida tem!

Pois, nem a vida é um sonho e a morte o nada
O amor é luz; a fé o santo meio
De tornar esta luta compensada!

Por isso eu sigo, nos caminhos meus
A procurar em tudo quanto creio
A coisa que faltava e... que era Deus!

Tornou-se amigo de Chico Xavier, a quem escrevia regularmente e enviava fotos. Registrava a cada foto a evolução impiedosa dos estigmas produzidos pela doença, visíveis em seu rosto, e Jésus escrevia em bem-humoradas frases ao amigo querido de Uberaba:

— Chico, não estranhe, não. As feridas que aparecem em meu rosto não são de verdade, é apenas um defeito da máquina!

Mantiveram correspondências por longos anos, sem jamais terem se encontrado, mas a admiração, o carinho e a amizade eram mútuos.

Impressionante relato do próprio Chico que, na tarde de 16 de fevereiro de 1947, se encontrava em preces quando observou a presença de um espírito iluminado, que se identificava emocionado:

— Chico, eu sou Jésus Gonçalves da Colônia de Pirapitingui. Acabei de desencarnar nesta manhã, mas não poderia partir sem antes vir aqui para te dar o abraço que não pude dar durante a vida material.

Chico não sabia do desencarne do amigo, ficou surpreso com a notícia, observando que seu rosto apresentava maior luminosidade nas regiões que haviam sido afetadas pela terrível doença. Tão logo quanto possível, telefonou para Pirapitingui e foi confirmada a notícia do desencarne daquele querido e fraterno amigo.

No livro *Trinta anos com Chico Xavier*[4], Clóvis Tavares relata um episódio interessantíssimo que demonstra a ligação fraterna entre Jésus Gonçalves e Chico, a qual prosseguiu além das fronteiras do mundo material:

Estávamos reunidos para uma prece, nosso estimado médium, o querido confrade Jacques Aboab e eu. Já havíamos recolhido das mãos e pelas mãos de Chico diversas páginas mediúnicas que intensamente nos falaram aos corações. Nesta noite de julho de 1948, estava-nos reservada, porém uma cornucópia de bênçãos.

O querido psicógrafo assinala a presença entre nós de Jésus Gonçalves, aquele mesmo irmão do Asilo Colônia de Pirapitingui, desencarnado em 16 de fevereiro de 1947 e que deixara uma bela obra de amor entre os companheiros hansenianos daquela cidade paulista.

---

4 *Trinta anos com Chico Xavier – Autor: Clovis Tavares – Editora IDE – Instituto de Difusão Espírita – 2ª Edição.*

Jésus, que fora poeta entre os homens, vai escrever-nos uma página, – diz-nos Chico. E imediata e celeremente, o lápis mediúnico corre sobre as folhas de papel e dois sonetos magníficos, subordinados ao mesmo título, são escritos:

Ante Jesus

I

Inda vejo Senhor, de alma oprimida
A Trácia devastada, a ânsia de Atenas
Constantinopla em lágrimas e penas
E Roma flagelada e envilecida...

Vejo a conquistadora e horrenda lida,
O gozo, o saque e a morte, em velhas cenas,
E o fausto senhoril que trouxe apenas
Desilusão e horror à nossa vida!

E ouço-Te a voz Jesus, dizendo: Basta!
De um rei fizeste um verme que se arrasta!
E abriste-me o caminho da aflição...

Anos correram como sombras vagas,
Mas depois de vestir-me em lepra e chagas,
Achei-Te Excelso, no meu coração!

II

Hoje Senhor, não peço o vão tributo
Das multidões famélicas vencidas,
Que humilhei no transcurso de outras vidas,
Semeando miséria, pranto e luto...

Das rosas que me deste por feridas
Recolhi muita graça e muito fruto

Passageiras vitórias não disputo,
Nem procuro vanglórias esquecidas!

Perdoa-me Senhor se agora venho,
Recordando-Te as úlceras no lenho
Rogar-Te algo das bênçãos que entesouras!

E que eu possa feliz, com o dom divino,
Socorrer os irmãos do meu destino,
No turbilhão das chagas redentoras!

Após a redação mediúnica dessas duas esplêndidas páginas, o espírito Jésus, relacionando minúcias informativas e datas precisas, com tocante humildade, nos fala de seu passado distante, a mostrar-nos o porque de suas dores e lágrimas, entre as luvas de ferro do mal de Hansen, quando de sua derradeira peregrinação no mundo.

Em admirável e impressionante "ressurreição mnemônica" – para usar a feliz expressão de Gabriel Delanne, – o generoso poeta desencarnado declara haver sido aquele tristemente famoso Alarico, célebre rei dos Visigodos e antigo aliado militar do Imperador Teodósio. E recorda suas aventuras guerreiras à frente dos Godos, naquele distante ciclo evolutivo: a travessia da Trácia e das Termópilas, o pesado resgate imposto a Atenas, as ameaças a Constantinopla, as batalhas contra Estilicão, o saque a Roma e o "basta" às margens do Busento...

Aliás, o primeiro quarteto do primeiro soneto é a descrição perfeita do itinerário de Alarico desde o ano da morte de Teodósio (395 d.C.) até a conquista de Roma (410 d.C.) e sua morte logo após em Cosenza, quando pretendia conquistar a Sicília.

A segunda quadra é a visão panorâmica daqueles três lustros de atividades guerreiras: o morticínio de populações indefesas durante a invasão da Grécia, a escravização de mulheres, a destruição dos templos, os saques de Aquileia e Cremona. Roma *cercada e faminta, mortes e prisioneiros, o fabuloso resgate de milhares de libras em ouro e prata e milhares de túnicas de seda.*

Emocionado, o luminoso espírito Jésus Gonçalves ainda acrescenta que voltou, décadas mais tarde, ao seio de seu povo, já então fixado na Espanha. Filho de Eurico, rei dos Visigodos da península Ibérica, ele voltou a chamar-se Alarico: é o rei Alarico II que reina na Espanha Visigótica de 484 a 507, ano em que é derrotado e morto em Vouillé, em luta contra os Francos. O espírito Eurico, que fora seu pai nessa época, também esteve presente à nossa reunião.

* * *

Por três razões absolutamente imperiosas, fiz questão de abrir espaço neste livro para falar de Jésus Gonçalves, em um livro no qual me propus a recordar Chico Xavier em alguns episódios de sua vida e fazer breves comentários a respeito das lições e ensinamentos que o querido médium nos deixou.

Em primeiro lugar, recordar Jésus Gonçalves. Em minhas palestras, quando faço menção a esse grande trabalhador da Doutrina Espírita, noto que pouquíssimas pessoas ouviram falar deste que foi para nós, espíritas, um grande exemplo de luta e vida, demonstrando que, mesmo sob a guante de uma doença impiedosa e estigmatizante, jamais se abateu. Trabalhou, lutou, deu exemplos maravilhosos pela valorização da vida! Jésus foi um grande exemplo de uma criatura que, apesar de tudo, amava a vida e fazia dela algo belo, que valesse a pena viver!

Em segundo lugar, falar de Pirapitingui, a cidade-colônia que abrigou Jésus Gonçalves e tantos outros companheiros. Tive a felicidade de, durante dois anos consecutivos (1980 e 1981), fazer parte da Caravana dirigida pelo grande trabalhador da Seara do Bem, o senhor Walter Venâncio. Venâncio foi um querido companheiro, já desencarnado, que se dedicava à visita aos irmãos de tantos lugares, além de Pirapitingui, também de Santo Ângelo e outras colônias.

Fico entristecido ao verificar que a grande maioria dos espíritas, com raras exceções, sequer ouviram falar ou conhecem Pirapitingui. É uma pena. Deveríamos, de vez em quando, visitar esses irmãos para valorizar mais a vida, agradecer a Deus pelas alegrias com que nos abençoa a todo instante e que nos esquecemos de valorizar. Visitar Pirapitingui é descobrir que não fazemos caridade quando para lá nos dirigimos. Muito pelo contrário: vamos receber caridade.

O terceiro e último motivo é o próprio Chico. Em sua humildade, em sua abnegação, o generoso amigo tinha consciência de que sua obra falava por si, arrastando pela força de suas atitudes, amigos, e muitos desconhecidos, que jamais o encontraram nesta existência física.

Chico foi, acima de tudo, um ser humano ímpar: passou pelo seu caminho a fama, a notoriedade, a bajulação, as luzes dos holofotes, as câmeras de televisão e os microfones de rádios de todo Brasil. Se não se abatia diante das dificuldades, também não se deixou encantar pelo canto das sereias.

Quem o conheceu sabe do que estou falando. Independente de qualquer coisa, Chico atraía a simpatia de quem o conhecia e de quem jamais o conheceu. Foi o caso de Jésus Gonçalves. Eles jamais se encontraram em vida, e como sabemos, na lei da sintonia ou da atração, semelhante atrai semelhante.

Jésus Gonçalves era um homem sofrido, trazia o espírito inquieto até conhecer a Doutrina Espírita. Quando a conheceu, também conheceu Kardec, Jesus e Chico Xavier, encontrando forças para superar suas próprias desventuras e as limitações impostas pela doença.

Quem visita Pirapitingui lá encontra ainda viva a presença desse grandioso trabalhador da Doutrina Espírita que, fortalecido e renovado na fé, soube dividir a alegria e a esperança que transbordava em seu coração com aqueles que não tinham mais alegria nem esperança, seus desventurados companheiros de infortúnio.

Conheceu Chico por meio dos livros e, como tantos outros, apaixonou-se pelo ser humano simples e extraordinário que ele era. Escrevia ao médium regularmente, encaminhava fotos e, diante da amizade que se estabeleceu, tinha a liberdade de escrever frases bem-humoradas. Jésus Gonçalves era um homem de inteligência ímpar e de um humor extremamente refinado, encontrando em Chico ressonância de seu sentimento que o querido médium tão bem sabia compreender.

Foi uma amizade tão representativa e importante para Jésus Gonçalves, que este, tão logo desencarnado, compareceu a Uberaba para conhecer o amigo, dar-lhe o abraço de despedida, abraço que jamais havia conseguido dar durante a vida material.

Dois irmãos na fé, dois amigos no sentimento, duas almas irmãs que se amavam e se respeitavam diante dos desafios da vida e que hoje, certamente, estão lá no alto, nas esferas de luz da espiritualidade, sempre em trabalho contínuo em nome do Cristo, levando aos irmãos sofridos de outras esferas o amor sublime que pulsa em seus corações.

23

Paulo e Estêvão

Um dos mais belos romances psicografados pelo Chico foi, sem dúvida alguma, *Paulo e Estêvão*. Quando lemos esse livro, percebemos que ele tem o poder de nos transportar para as eras remotas da Antiguidade, uma época de esplendor do Império Romano, de lutas e, particularmente, um momento de beleza extraordinária, do advento de Jesus até nós, e a grandiosa jornada de amor dos cristãos da primeira hora.

A leitura desse livro nos permite viajar pelo pensamento para a antiga Galileia e também vislumbrar Roma Imperial na epopeia do Cristianismo nascente, na grandiosa jornada de amor e coragem dos primeiros cristãos que não se deixaram abater nem intimidar.

As perseguições ignominiosas, as mortes horrendas, os apodos, as prisões, os suplícios nos circos romanos não abalaram a coragem daqueles que, alimentados pelo amor do Cristo, com o coração aquecido na verdadeira fé, não temeram a morte!

Desde o início, já no prefácio, Emmanuel faz referência a Paulo e Estêvão. Sem Estêvão, não existiria Paulo porque suas vidas estavam entrelaçadas, e a morte do primeiro mártir do cristianismo foi o ponto fundamental para o surgimento do grande apóstolo dos gentios.

Se, na primeira parte do livro, Saulo (Paulo) provoca em nós um sentimento de antagonismo, pela perseguição impiedosa e cruel que ele moveu sem tréguas aos cristãos, na segunda parte do livro, Paulo, já convertido pela divina visão em seu encontro com o Divino Mestre, nos enleva no amor sublime da capacidade de regeneração do grande convertido, em sua disposição e vontade férrea de pregar e, acima de tudo, ser um exemplo em nome Daquele que o resgatara das trevas da ignorância às portas de Damasco.

Emmanuel nos diz que, após a grande travessia do deserto que tinha o objetivo de capturar e prender Ananias, o Divino Amigo se apresentou espiritualmente a Saulo às portas de Damasco. Não foi por acaso. O Divino Mestre sabia que, por trás daquele homem revestido pela brutalidade, havia um espírito refulgente que necessitava ser lapidado. E assim aconteceu.

Diante da sublime visão do Cristo refulgente, atônito, Saulo caiu do cavalo e, diante da intensidade luminosa, ouviu a voz inesquecível do Mestre, que lhe dizia: — Saulo, Saulo, por que me persegues?

Naquela fração de segundo, o perseguidor implacável avaliou toda sua vida e as tropelias praticadas na violência contra os cristãos. Até então não acreditava em Cristo, mas naquele momento luminoso, ele foi capaz de avaliar e reconhecer todos seus erros até então praticados. Quando fez sua perquirição, já não era o mesmo homem de segundos antes: — Senhor, quem sois? — Então ouviu a resposta inequívoca: — Eu sou Jesus, aquele a quem persegues.

Naquele instante, único e sublime, Saulo pôde reconhecer a extensão de seus erros, e quando falou novamente com o Mestre, já não era mais o mesmo homem. Havia respeito e submissão: — Senhor, o que queres que eu faça?

Emmanuel ressalta que, naquele momento, um abismo separava Paulo do Divino Mestre, mas que ele soube palmilhar passo a passo durante o resto de sua existência, submetendo-se ao amor incondicional do Cristo, pregando com veemência, ardor, entusiasmo e fé incontida! Além do mais, soube também exemplificar por meio de tantas renúncias, do sofrimento, das perseguições sofridas, dos apedrejamentos, das prisões inumeráveis. Paulo foi o grande divulgador do Cristianismo, movido por uma fé extraordinária e uma impressionante força de vontade, venceu obstáculos aparentemente intransponíveis, superando suas próprias limitações de tal forma que, ao final de sua existência, aquele abismo já havia sido vencido pelo esforço e coragem, tudo pelo amor do Cristo que ele soube abraçar até o instante de sua morte.

Paulo e Estêvão é um livro de rara beleza, que resgata para nós um momento singular e de muita luz que viveu a humanidade: a vinda do Messias e a bravura dos cristãos da primeira hora. Simplesmente divino. Quando pergunto em minhas palestras: quem já leu *Paulo e Estêvão*? Sinto-me entristecido ao verificar que, invariavelmente, é sempre meia dúzia de companheiros que respondem afirmativamente. Essa maravilhosa obra de Chico Xavier, produzida pela extraordinária parceria espiritual com Emmanuel, deveria, junto com as *Obras da Codificação*, ter um lugar de destaque na leitura não apenas dos adeptos da Doutrina Espírita, mas de todos os cristãos.

* * *

Em 1941, quando começou a psicografar essa belíssima obra, Chico utilizou-se do porão da casa de Rômulo Joviano, que emprestou o local ao funcionário da Fazenda Modelo. Durante oito meses, Chico se isolou no pequeno cômodo, que funcionava como uma câmara de isolamento do mundo exterior.

Enquanto escrevia, Chico assistia emocionado como se fosse um filme projetado em sua mente, com tal realismo que era como se ele estivesse lá assistindo a todos aqueles acontecimentos.

Sofria com os personagens, torcia por outros, chorava e se emocionava de tal forma que, muitas vezes, chegava às lágrimas. Por outro lado, sentia-se fortalecido no grandioso exemplo dos personagens da história que ele colocava no papel.

Um fenômeno insólito ocorreu durante o período em que psicografava a obra: um enorme sapo, de aparência horripilante, se postava diante da escrivaninha e ficava o tempo todo olhando Chico. Era como se fosse um expectador assíduo, porque tão logo o médium concluía o trabalho, ele também se retirava, mergulhando nos arbustos que rodeavam a casa, desaparecendo na escuridão da noite. Todavia, na noite seguinte, lá estava o sapo novamente posto em seu ponto de observação.

Ao verificar que a presença do batráquio de alguma forma estava incomodando seu discípulo, Emmanuel chamou sua atenção, dizendo:

— Chico, não tenha receio do animal, pois também é um filho de Deus, em uma condição evolutiva ainda muito primitiva. É um irmão menor que merece nossa melhor consideração, portanto não se preocupe com o bicho, pois ele é digno de nosso maior respeito.

Depois das palavras do guia, Chico se acalmou e se acostumou com a presença do assíduo companheiro. Nos meses que se seguiram, aquele estranho expectador assistiu aos choros, às lágrimas e às emoções nos olhos do Chico diante do enredo da belíssima história que escrevia.

Quando finalmente concluiu essa portentosa obra literária, Chico sentiu no coração um estanho sentimento de alegria e de saudade de uma era remota, da qual ele também sentia que havia feito parte. Emocionado, Chico viu desaparecer a visão da Roma imperial, do circo romano, das imagens dos cristãos nos sacrifícios supremos.

Observou que um espírito desmontava alguns painéis que dilatavam o ambiente do minúsculo cômodo, os quais, durante aquele período, funcionavam como uma câmara isolada do mundo material.

Tudo desapareceu e o ambiente voltou ao normal. Chico olhou ao redor e chorou emocionado. Um sentimento de enlevo e gratidão tomava conta de seu peito entre soluços e lágrimas. Sentou-se antes de sair pela última vez daquele pequeno cubículo que havia servido para a materialização literária dessa obra extraordinária.

Desejou de coração agradecer a Deus pela oportunidade, por ter sido instrumento para trazer a público uma história tão bela. Chico então orou com o coração tomado pela emoção e quando concluiu a prece, com os olhos ainda embaçados, observou que o sapo lá estava olhando para ele.

Então, tomado por um sentimento de amor, pegou o sapo nas mãos e disse a ele:

— Irmão sapo, você também é um filho de Deus e a graça Divina também haverá de te abençoar.

Soltou o animal, que ficou na porta esperando, e tão logo Chico a abriu para ir embora, o sapo coaxou como se estivesse se despedindo, depois mergulhou nas sombras da noite e nunca mais foi visto.

* * *

Antes de encerrar este capítulo, gostaria de fazer minha recomendação pessoal, ao leitor amigo: não deixe de ler o livro *Paulo e Estêvão.* Todavia faço uma advertência: pegue uma toalha porque você irá chorar e se emocionar muito. Uma obra desse porte deveria ser leitura diária porque, quando a concluímos, somos invadidos pelo mesmo sentimento que Chico deve ter sentido quando concluiu sua psicografia. Um sentimento de saudade, de amor, de desejo de se melhorar, de praticar o bem. Enfim, é uma obra que tem a capacidade de nos transformar, de nos dar força e coragem para enfrentar os duros embates da vida.

24

A horta

Quando o Sr. João Cândido se casou pela segunda vez, os filhos retornaram à casa paterna sob os cuidados de dona Cidália Batista, a segunda esposa. Era ela o anjo bom que Maria João de Deus havia prometido ao filho, nos momentos mais dolorosos, após as surras de sua madrinha.

A família era numerosa e dona Cidália era uma esposa amorosa e extremamente preocupada com a educação das crianças. O pai de Chico ganhava pouco e as necessidades eram muitas, particularmente naquele ano de 1918, que trazia em seu bojo o terrível estigma da gripe espanhola. Quando chegava o final do mês, não sobrava dinheiro. Como fazer para comprar os cadernos, os lápis e os livros?

Dona Cidália, ao contrário de muitos que consideravam Chico um menino aluado, dava muita atenção e gostava de conversar com o menino, que sempre estava disposto a ajudar. Ela, então, teve a ideia de plantar uma horta, cujo resultado das vendas poderia suprir suas necessidades escolares. Chamou o enteado e disse:

— Chico, estou pensando em plantar uma horta no quintal de nossa casa. Vamos preparar a terra, semear as hortaliças e, quando estiverem grandes, você acha que conseguiria vender? Espero que, com o dinheiro arrecadado, possamos comprar tudo o que vocês precisam para irem à escola.

O garoto sorriu animado e sua resposta foi imediata:

— A senhora pode contar comigo!

E assim fizeram. Depois de alguns meses, já havia alface, couve, repolho, almeirão em condições de serem consumidos e, então, Chico saía para vendê-los no povoado. As verduras eram frescas e o menino voltava feliz com a cesta vazia e o bolso cheio com o resultado das vendas, que dona Cidália colocava cuidadosamente em um pequeno cofre.

Pouco mais de um mês depois, dona Cidália abriu o cofre, contou o dinheiro e, feliz, chamou Chico para contar a novidade. Com lágrimas nos olhos de emoção, abraçou Chico dizendo:

— Já temos dinheiro suficiente para comprar tudo o que vocês precisam para frequentarem a escola.

Admirado e ao mesmo tempo emocionado, Chico observou um maço de notas nas mãos de dona Cidália, que arrematou com um sorriso:

— Está vendo, Chico? Este é o resultado do valor do trabalho honesto. Agora você e seus irmãos podem ir para a escola, graças a Deus!

Chico jamais haveria de esquecer a alegria estampada nos olhos de sua segunda mãe, porque em seguida ela o abraçou com demonstração de carinho e o beijou no rosto, como sua mãe fazia, dizendo:

— Obrigada, Chico, você ajudou muito! Obrigada!

Foi então que começou a acontecer um outro problema. A meninada começou a frequentar as aulas, o Sr. João Cândido saía para trabalhar e, muitas vezes, dona Cidália precisava se ausentar, porque tinha que buscar lenha em um campo que ficava um pouco distante. Por esses motivos, a casa ficava muitas vezes vazia e, nessas ocasiões, uma vizinha importuna, observando a horta repleta de verduras e legumes, aproveitava a ocasião para discretamente apanhar os recursos da horta. Dona Cidália começou a notar falta de algumas hortaliças em vários canteiros.

Intrigada, começou a observar que a cada ausência, desapareciam mais e mais hortaliças, acabando por descobrir que a vizinha era a responsável. A segunda mãe de Chico era uma pessoa de bom senso. Sentiu-se chateada com aquela situação, mas não desejava criar inimizades nem brigar com a vizinha por algo tão banal. Mas aquilo a incomodava.

Chico vivia dizendo que conversava com sua mãe, e dona Cidália acreditava piamente no menino. Resolveu, então, conversar com ele, para que este pedisse um conselho para sua mãezinha desencarnada.

— Meu filho, — disse ela. — você me disse que de vez em quando vê sua mãezinha e que conversa com ela. Peça a ela um conselho, porque nossa horta está desaparecendo e, sem a horta, ficaremos sem recursos para sustentar as crianças na escola.

No final daquele dia, Chico dirigiu-se ao fundo do quintal e orou. Não demorou e identificou a figura de sua mãezinha, que se aproximou afagando os cabelos do menino. Contou a ela o que estava acontecendo e pediu um conselho.

Dona Maria ouviu e, com um sorriso, respondeu ao filho:

— Dona Cidália tem toda razão, meu filho. Jamais devemos brigar com nossos vizinhos, porque são pessoas com quem convivemos e que podemos precisar deles. Diga para ela que, quando precisar se ausentar, chame a vizinha e confie a chave da casa a ela, porque dessa forma, a vizinha ficará responsável pela guarda da horta e, em vez de se apropriar indevidamente dos legumes, irá ajudar a cuidar deles.

Quando dona Cidália ouviu o conselho, sorriu feliz. A solução proposta pela mãe do Chico era excelente e sábia. Na primeira vez que precisou se ausentar, chamou a vizinha e, entregando a chave da casa, disse:

— Dona N., terei que me ausentar por algumas horas, mas estou preocupada porque tenho notado que, ultimamente, durante minha ausência, alguém está entrando em minha horta e subtraindo legumes e verduras. Como a senhora é uma pessoa que tenho muita confiança e amizade, gostaria de deixar a chave da minha casa com a senhora para que tomasse conta dela para mim.

Santo remédio! Os sumiços das alfaces, repolhos, couves e de outras hortaliças simplesmente acabaram, porque a casa ficava sob a guarda daquela que se aproveitava da horta, com a responsabilidade de zelar pela guarda de tudo.

De vez em quando, dona Cidália encarregava o Chico de levar à vizinha uma pequena cesta de hortaliças e, assim, tudo ficou em paz.

* * *

Como é difícil a convivência com o ser humano. Atualmente vizinhos brigam por bobagens, discutem por quinquilharias e muitas vezes chegam às vias de fato, descambando para episódios lamentáveis, tristes e violentos.

Hoje convivemos em grandes prédios com inúmeros vizinhos e, em cada reunião de condomínio, sempre aparecem as diferenças, discussões, altercações acaloradas em que além da falta do bom senso, percebemos também falta de educação.

Assim muitas vezes são os ambientes no trabalho, no trânsito, na sociedade. Falta de educação, arrogância em muitos casos resultante do personalismo, o homem moderno ainda não aprendeu a conviver com o próprio ego exacerbado.

Chico aprendeu desde criança a respeitar o semelhante, primeiro com sua mãe, Maria João de Deus, e depois com sua segunda mãe, dona Cidália, e jamais esqueceu na simplicidade a sábia recomendação:

— Jamais brigar com os vizinhos porque são sempre pessoas de quem necessitamos.

Assim deveríamos nós proceder no dia a dia, não apenas com os vizinhos, mas com todos nossos semelhantes.

25

Quem poderia julgar?

Apenas uma pessoa neste mundo deteve conhecimento e autoridade para julgar. Jesus Cristo, porque na condição de espírito perfeito e conhecedor da verdade absoluta, poderia emitir ideia de juízo, julgar e condenar.

Jesus tinha amor infinito, autoridade, conhecimento e, por essa razão, poderia julgar e condenar, mas foi exatamente Ele que jamais julgou ou condenou quem quer que fosse.

Mas, de um modo geral, o ser humano gosta de apontar o dedo, emite valores de juízo precipitados, opiniões pessoais equivocadas, críticas infundadas, julga e condena, muitas vezes, por mero impulso de antipatia gratuita, porque não vai com a cara deste ou daquele indivíduo.

Infelizmente, existem pessoas que se comprazem emitindo julgamentos desairosos, rotulando pessoas, de forma desrespeitosa e até cruel. Com frequência ouvimos comentários maldosos como estes: — Não vou com a "fachada" daquele sujeito. É um mau caráter! Aquela mulher não presta! Aquele cara é um vigarista! Aquela moça é uma perdida! Aquele rapaz é um drogado, um vagabundo, um perdido na vida! — E por aí vão os adjetivos dos mais diversos, vindos de pessoas que se arvoram no direito de julgar porque se acham detentoras da verdade e da moral. Como dizia Jesus: "Túmulos caiados, por fora exibem brancura, mas por dentro escondem rapina e podridão".

Havia um pobre cego em Pedro Leopoldo que vivia pelas ruas a mendigar. Em uma ocasião, ao voltar para casa que ficava em local distante, estava sendo guiado por um bêbado. Era algo que não poderia dar certo, como de fato não deu. Mal conduzido pelo homem embriagado que não teve o cuidado adequado, aproximou-se demais do muro de proteção e acabou caindo de cima do viaduto da Central do Brasil, na saída de Pedro Leopoldo para a cidade de Matozinhos. O infeliz despencou de uma altura com mais de quatro metros, ficando seriamente ferido.

Amedrontado com as consequências da queda, o bêbado, na condição de guia improvisado, simplesmente desapareceu. O cego ficou sozinho, gemendo e vertendo sangue pela boca.

Ao saber do ocorrido, Chico providenciou para que o pobre homem pudesse ser socorrido, mas o tratamento médico teria que ser continuado fora do pronto-socorro, que naquela época muito carecia de recursos.

Chico não titubeou e, com os poucos recursos que possuía, alugou um pequeno quarto próximo ao pronto-socorro, onde o médico poderia acompanhar a evolução de seu estado de saúde. Mas o caso era grave. Ele precisaria do acompanhamento de uma pessoa habilitada em cuidados de enfermagem para ministrar os medicamentos na hora certa, além dos demais cuidados que aquele caso requeria.

Durante a noite, Chico ficava junto ao doente, mas durante o dia tinha que atender as exigências de seu trabalho de caixeiro no armazém do Sr. José Felizardo. Havia a necessidade de que alguém, durante o dia, se dispusesse a cuidar do paciente. Naquela época, em 1928, existia um pequeno jornal de circulação semanal em Pedro Leopoldo e, então, Chico resolveu colocar um anúncio solicitando auxílio de alguém que se dispusesse a cuidar do Sr. Cecílio durante o dia, porque à noite ele se responsabilizaria.

Orou rogando que alguém pudesse se sensibilizar com o caso do velhinho cego. Em suas preces rogava que alguém pudesse atender, não importando se fossem católicos, evangélicos, protestantes ou mesmo espíritas. O que importava era o auxílio.

Uma semana se passou, ninguém apareceu e o Chico se desdobrava para atender suas obrigações e cuidar do ceguinho. Estava triste e preocupado com a situação do paciente. Por que ninguém havia se sensibilizado com a situação daquele pobre homem? Voltou a orar implorando que Deus pudesse encaminhar alguém de bom coração para atender aquela necessidade emergente.

Finalmente, no sétimo dia, estava cuidando do Sr. Cecílio quando apareceram duas senhoras que todos conheciam em Pedro Leopoldo. Eram duas meretrizes que costumeiramente estavam na boca do povo. As bocas acostumadas a escarnecer proferiam os mais tristes adjetivos para aquelas duas mulheres, mas foram elas as únicas que, sensibilizadas com o caso, se apresentaram, um pouco constrangidas.

— Chico, lemos o anúncio que você colocou a respeito do cego Cecílio. Gostaríamos de ajudar, se você não se incomodar...

Emocionado, Chico abraçou-as e, com o coração agradecido, respondeu:

— Ah! Minhas irmãs, foi Deus que as enviou. Aceito de bom grado o auxílio de vocês. Jesus haverá de recompensar por esta caridade.

Assim, todas as noites quando chegava para substituí-las no cuidado ao doente, aquelas mulheres oravam a convite do Chico. Transcorrido um mês, quando o velhinho já estava restabelecido, reuniram-se pela última vez para a prece de despedida.

Chico proferiu uma prece de agradecimento emocionante e os quatro choraram abraçados, sentindo o coração transbordando de alegria e emoção. Com o rosto lavado em lágrimas, uma das meretrizes confidenciou:

— Chico, este período em que aqui estivemos orando contigo e auxiliando de alguma forma em nome de Jesus, como você sempre diz, sentimos que deveríamos mudar nossa vida. Estamos nos mudando para Belo Horizonte, onde iremos tentar uma vida mais digna.

Emocionado, Chico viu aquelas duas amigas queridas partirem. Mas foi uma amizade que ficou, e sempre que ia para Belo Horizonte para algum evento ou palestra, lá estavam elas procurando Chico para abraçá-lo.

Uma delas passou a trabalhar em uma tinturaria, desencarnando alguns anos depois. A outra se formou como auxiliar de enfermagem e viveu ainda muitos anos, trabalhando em um hospital da Capital Mineira.

Agora, cá entre nós: é fácil atirar pedras, julgar e condenar sem piedade e sem chance de defesa. Infelizmente ainda existem pessoas que não compreenderam os ensinamentos do Cristo.

Diante da mulher adúltera, quando todos estavam com as mãos cheias de pedras, Ele se voltou para a multidão e desafiou:

— Aquele que dentre vós estiver sem pecado, seja o primeiro que atire a pedra![5]

Diante dos comentários maldosos das pessoas que condenavam a pecadora, que ungiu seus pés com suas lágrimas e enxugou com seus cabelos, disse:

5 *João, Cap. VIII – Vers. 7.*

— Vês esta mulher? Desde que aqui cheguei, ninguém colocou água em meus pés. Ela, porém, regou meus pés com suas lágrimas e os enxugou com seus cabelos. Ninguém me ofereceu ósculo, ela, entretanto, desde que aqui cheguei, não cessa de beijar meus pés. Ninguém ungiu minha cabeça com óleo, mas ela ungiu com bálsamo meus pés.[6]

O Mestre procurou os humildes de espírito, os coxos e mancos, os pobres, os estropiados sem fazer distinção entre eles. Procurou as pessoas de má vida e ceou com elas. Questionado, respondeu:

— O médico veio para curar os doentes. Aqueles que não têm doença, não precisam de médico.

Jesus jamais julgou e condenou alguém. Nunca distinguiu entre esse ou aquele. Apenas tinha palavras de bom ânimo e de perdão.

Assim também foi o Chico.

Saudades suas, Chico, o mundo nunca necessitou tanto dos Franciscos. O atual papa, inclusive, certamente não por acaso, adotou esse nome. Estamos orando pelo papa, para que ele possa conduzir a bom termo sua grandiosa missão junto aos nossos irmãos católicos.

Por outro lado, ficaremos aqui reavivando em nossa memória as lembranças de Francisco Cândido Xavier. Isto sempre faz bem ao coração. Isto faz bem à alma!

---

6 *Lucas, Cap. VII – Vers. 44/45/46.*

26

Uma advertência oportuna

Ser médium é a coisa mais fácil do mundo. Entretanto, ser médium a serviço do Cristo, isso sim, não é fácil, mas essa é a grande diferença! Mediunidade não é privilégio de ninguém, mas a mediunidade a serviço do bem e do amor não é fácil!

Mesmo porque muitas pessoas acham que mediunidade é desenvolver suas faculdades medianímicas, passando a ter contato com os espíritos desencarnados por meio da psicofonia, da psicografia, da vidência, dos passes e de outras coisas mais.

Mas o alcance e a essência da palavra "médium" vai muito além disso. A morfologia da palavra é de origem grega, tendo como significado a ideia de alguém que seja "intermediário" de alguma coisa.

Quando uma pessoa sorri para alguém, estende as mãos e levanta um caído, ouve com paciência e dá um bom conselho, quando pratica o bem, veste um maltrapilho, oferece uma refeição a um faminto, ampara um desvalido, esta está praticando a forma mais sublime de "mediunidade". É a mediunidade em nome do Cristo, que não precisa conversar nem se envolver diretamente com espíritos desencarnados.

Por outro lado, as pessoas que odeiam, que se entregam a maledicência, a sentimentos de inveja, de ressentimentos, que praticam e se comprazem com o mal, estas também estão se situando na condição de médiuns. A pergunta é: são médiuns a serviço de quem?

Vamos nos deter especificamente aos médiuns espíritas. Isso mesmo, médiuns que desenvolveram suas faculdades medianímicas para que, mediante o auxílio dos bons espíritos, possam evoluir espiritualmente trabalhando em favor do bem.

O grande problema que o médium enfrenta em sua jornada é a vaidade. Esse candidato ao trabalho em nome de Jesus precisa estar sempre atento a ela, procurando conhecer a si mesmo, preparar-se com um bom programa de Reforma Íntima e estar atento para não se desviar do bem e da prática moral. Humildade é uma palavra de ordem que jamais deve ser esquecida pelo médium a serviço do Cristo.

Todo médium sonha em um dia ser instrumento para que o "mentor" se manifeste por meio de suas possibilidades mediúnicas, ou a algum espírito de "escol", como Dr. Bezerra de Menezes, André Luiz, Emmanuel, Eurípedes Barsanulfo e outros.

Por essa razão, o médium não deve jamais se descuidar em sua conduta moral, aliada à melhoria íntima e à prática da caridade. Em suma, como nos recomendou Jesus: estar sempre em vigilância e oração.

Este episódio, segundo relata Ramiro Gama no livro *Lindos Casos de Chico Xavier,* ocorreu nos idos de 1955 a 1956, ocasião em que Chico participava das reuniões mediúnicas às quintas-feiras no Grupo Meimei. Na quarta-feira que antecedia a reunião, Chico recebeu uma orientação do mentor por meio de José Xavier, seu irmão. Ele deveria se preparar adequadamente, evitando alimentar-se de carne e de outros alimentos pesados e, mais do que rotineiramente fazia, estar em constante oração, procurando elevar-se espiritualmente. Tudo por uma simples razão: na reunião do dia seguinte, o espírito de Frei Eustáquio iria se manifestar por meio de sua psicofonia e Chico deveria estar devidamente preparado.

Chico atendeu a recomendação com a responsabilidade que sempre caracterizou o compromisso do médium com a Doutrina. Passou quase o dia todo em jejum, vigilância e em oração permanente. No final da reunião daquela noite, Frei Eustáquio se manifestou de fato, trazendo uma mensagem emocionante, profunda e muito instrutiva para todos. Todos os companheiros presentes à reunião se emocionaram indo às lágrimas. À guisa de esclarecimento, essa mensagem consta no livro psicografado por Chico Xavier intitulado *Instruções Psicofônicas*, com mensagens de diversos espíritos.

A respeito dessa mensagem, Ramiro Gama relata o seguinte:

"*Estávamos nessa ocasião em Pedro Leopoldo e tivemos a oportunidade de ouvi-la na máquina que a gravou. É realmente emocionante e instrutiva. Em aqui chegando, encontramo-nos com alguns companheiros de um centro espírita dos subúrbios e um deles nos falou: — Ontem em nosso grupo, recebemos uma comunicação lindíssima de Joana D'Arc. Em seguida apontou para o médium que estava presente, o qual recebera a mensagem, acrescentando: — Ele fez um grande esforço para ir ao centro, chegou até a brigar com os familiares. Se não fosse, não teria sido o instrumental de tão bela mensagem...*"

Por fim, Ramiro Gama conclui: "*O Chico, para receber a mensagem de Frei Eustáquio, teve que se preparar ainda mais, ele que vive constantemente preparado. No entanto, aqui o outro irmão, sem nenhum preparo espiritual, chegando inclusive até a brigar com os familiares, recebe Joana D'Arc...*"

Meus amigos: Espiritismo é coisa séria e mediunidade não é para ser levada no vai da valsa como se fosse algo desprovido de compromisso.

Assusta-nos e preocupa-nos assistir em muitas casas espíritas aflorarem vaidades e personalismos. Aqui é o médium que se deixou levar pelo canto das sereias, acolá é o ego inflado do médium que se julga conhecedor de tudo, mais adiante é o medianeiro fascinado que se coloca a fazer revelações e mais revelações, não se dando conta de que muitas destas estão desprovidas do bom senso e, muitas vezes, beiram o absurdo!

O médium não deve jamais se colocar na condição de melindres diante das críticas. É sempre melhor ouvir uma crítica construtiva do que um falso elogio. A crítica nos desperta e nos mantém vigilantes. O elogio muitas vezes traz em seu bojo qualidades que o médium está longe de possuir, mas envaidecido, ele acredita!

Recentemente um companheiro relatou em seu perfil do Facebook um episódio interessante, mas também muito preocupante. Disse ele que em palestra em um determinado centro espírita, alguém fez uma revelação impressionante: segundo essa pessoa, irmã Dulce teria sido a reencarnação da princesa Isabel, a redentora que libertou os escravos nos idos de 1888. Informou o médium que a princesa havia reencarnado para praticar o bem para os necessitados, porque quando da libertação dos escravos sua tarefa não foi completa, pois depois de libertados, os escravos, não tiveram o apoio de que necessitavam para viver sua liberdade, por absoluta falta de condições. Intrigado, esse companheiro, ao ouvir esta revelação, foi pesquisar a data de nascimento de irmã Dulce e a data do desencarne da princesa Isabel. Qual não foi sua surpresa ao verificar que, quando a princesa Isabel, então exilada em Paris, desencarnou, irmã Dulce já estava encarnada com dez anos de idade!

O médium a serviço de Jesus não pode jamais olvidar o senso crítico, levando sempre em conta a lógica e a razão. Kardec, afinal, foi o mestre do bom senso, adotando como norma de conduta que norteou o grandioso trabalho da pesquisa e codificação da Doutrina dos Espíritos, quando aconselhou: *"Recuse nove verdades, mas não aceite uma mentira"*.

Fica aqui a advertência a nós, médiuns espíritas. Fica aqui o alerta e a grande responsabilidade a cada um de nós, porque o espiritismo será o que nós dele fizermos.

Temos que ter cuidado nas revelações, ao ouvir e espalhar sem senso crítico. O espiritismo sempre teve como principal característica a credibilidade dos grandes mestres: Kardec, Léon Denis Camille Flammarion, Ernesto Bozzano, Piaget, Bezerra de Menezes, Chico Xavier, Divaldo Pereira Franco e outros grandes vultos veneráveis que sempre se preocuparam em trazer mensagens profundas e fidedignas.

Que isso sirva de exemplo e norte para cada um de nós que pretende ser médium em nome da Doutrina e em nome de Jesus!

27

Fenômenos em Pedro Leopoldo

No ano de 1948, esteve em Pedro Leopoldo nada mais, nada menos, que o médium carioca Francisco Peixoto Lins, mais conhecido como Peixotinho, que tinha uma extraordinária mediunidade de efeitos físicos.

Nas sessões de materialização, a mediunidade de Peixotinho permitia, por meio de sua energia e da doação de seu ectoplasma, que espíritos se tornassem visíveis a olho nu e até fossem tocados pelos presentes às ditas reuniões.

Chico ficou entusiasmado com a presença do médium e o Sr. Rômulo Joviano franqueou o espaço de sua casa, que ficava sobre o porão onde Chico havia psicografado o maravilhoso romance *Paulo e Estêvão*.

No dia da reunião, a expectativa era geral. Convidados selecionados a dedo, uma vez que a reunião exigia muita disciplina, oração e elevado grau de espiritualidade dos presentes. Os cuidados começavam desde a alimentação. Os participantes eleitos para aquela memorável reunião deveriam, naquele dia, se abster de carne, não fumar, e beber, então, nem se fale.

O ambiente deveria ser harmonizado com orações e música clássica em tom suave para contribuir com a harmonização espiritual. A reunião teve início às 20 horas daquele sábado com a leitura de uma página de O *Evangelho Segundo o Espiritismo*, tendo como música de fundo *Ave Maria* de Gounod.

Peixotinho ficou isolado em um quarto, e as luzes foram apagadas. A escuridão era total, um dos requisitos necessários à materialização, pois a ação da luz anula os efeitos da energia e do ectoplasma do médium.

Da sala era possível observar que do quarto onde Peixotinho se encontrava em transe, clarões e reflexos fosforescentes atravessavam o espaço em várias tonalidades. Parecia um fenômeno luminoso de alguma fonte de energia fosforescente que irradiava luz com grande intensidade. Daí a pouco, diante dos presentes boquiabertos, entre eles Chico Xavier, começou um verdadeiro desfile de espíritos luminosos que pairavam sobre o ambiente.

Naquela noite, todos os presentes à reunião ficaram impressionados com o respeito que os espíritos materializados demonstravam à pessoa de Chico. Todos eles, sem exceção, ao se aproximarem, iluminavam a figura do médium e se curvavam em sinal de profundo respeito.

Um dos presentes era o delegado de polícia de Guaratinguetá (SP), Dr. Ranieri, que havia perdido sua filha havia mais de três anos, ainda em tenra idade. A filha se materializou e, com o corpo luminoso fosforescente, se aproximou, deixando o pai emocionado, chamando-o da mesma forma que habitualmente fazia quando estava encarnada.

Para Ranieri aquela era uma demonstração cabal, uma prova inequívoca da vida além da morte. O delegado aprofundou-se no estudo da matéria e chegou a escrever vários livros espíritas, um deles tratava especificamente do assunto: *Materializações luminosas.*

Nas reuniões ocorriam vários fenômenos: os espíritos pediam que alguém pronunciasse alguma palavra e imediatamente a palavra se transformava em um letreiro luminescente que pairava no espaço. Caía do espaço uma névoa cintilante que cobria os cabelos e as roupas dos presentes. José Grosso, um dos espíritos presentes, materializado, contou histórias engraçadas, fazendo o público rir. Materializado, o espírito chamou pelo nome cada um dos presentes e em seguida endereçava um foco luminoso, como se fosse um pequeno pedregulho que se dissolvia antes de atingir o alvo, provocando rápido espetáculo luminoso.

Não faltou aqueles que achavam que aquele era um espetáculo circense e que havia algum truque por trás de tudo. Em uma outra sessão de materialização, agora em sua residência, Chico emprestou seu quarto, que serviu de cabine para as experiências fantásticas, onde Sheila, uma enfermeira alemã que havia desencarnado por ocasião da Segunda Guerra Mundial, também se materializou. Autorizado a fotografar os fenômenos, o fotógrafo Henrique Ferraz Filho pôde registrar com sua máquina fotográfica os fenômenos, revelados depois nas fotos.

Por mais que procurassem descobrir os truques, ninguém jamais conseguiu provar que havia fraudes, nem montagem nas fotos reveladas por Henrique com sua máquina fotográfica.

Chico retornaria às experiências de materialização nos anos de 1952 e 1953. As reuniões dessa feita ocorreram na casa de seu irmão, André Luiz Xavier. Os mesmos cuidados e recomendações de sempre. Chico se recolhia ao leito do irmão, enquanto na sala os convidados ouviam uma página de O *Evangelho Segundo o Espiritismo*, e como sempre, a *Ave Maria de Gounod* ou *Serenata de Schubert* eram músicas de fundo, para que o ambiente espiritual ficasse devidamente harmonizado.

Então, começavam as materializações, um pouco diferentes das geradas por Peixotinho. Os espíritos se apresentavam de forma mais tênue, com formas luminosas mais etéreas, mais sutis.

Um dos presentes em uma dessas reuniões, Arnaldo Rocha, que era amigo do Chico, teve uma surpresa muito especial: sua mãezinha, desencarnada havia alguns anos, se materializou, se aproximou do filho e pousou sua mão em sua cabeça, como costumava fazer quando estava encarnada, para abençoá-lo, chamando-o como costumava chamar seus filhos: "meus vidrinhos de cheiro".

Em outra ocasião, os presentes ficaram curiosos quando do quarto onde Chico se encontrava em transe, uma intensa luz clareou o ambiente. O espírito de uma mulher linda, totalmente envolto em luz, se aproximou e André imediatamente a reconheceu: era dona Cidália, sua mãe e segunda esposa de João Cândido. O espírito falou emocionado, abraçou o filho e antes de desaparecer, deixou impregnado no ar uma fragrância delicada do perfume de rosas.

Em seguida surgiu a figura de uma moça de cabelos pretos, de uma beleza ímpar. Arnaldo Rocha, emocionado, começou a chorar: era Meimei, sua esposa falecida precocemente. Depois de consolar o esposo, Meimei pediu:

— Há uma pessoa muito doente aqui, por favor, se aproxime.

Um rapaz que sofria tuberculose se aproximou, e Meimei envolveu seu peito em intensa luz, com coloração esverdeada muito intensa. Em seguida ouviu o conselho:

— Foi feita uma aplicação de uma energia desconhecida pela medicina terrena. Você irá experimentar uma melhora sensível, mas procure o recurso da medicina para a cura definitiva.

Logo após, surgiu materializado um espírito de elevada estatura, de porte nobre, aspecto austero, trajando uma toga romana de tonalidade azulada. Trazia em sua mão direita uma tocha acesa. Sim, era ele, Emmanuel, que, com voz grave e pausada, disse aos presentes:

— Amigos, o que vocês estão tendo a oportunidade de assistir nestas reuniões não é simplesmente um espetáculo ou manifestações de fenomenalidades. É uma demonstração de provas espirituais da vida além da morte, que representam maiores responsabilidades sobre vossos ombros.

Em outra ocasião, os presentes sentiram que a sala era inundada por um intenso perfume de rosas. A sala se iluminou e uma loura, alta e sorridente, se apresentou: era Sheila. Falava com sotaque alemão e esbanjava simplicidade e simpatia. Um dos presentes pediu que ela examinasse-o, pois se queixava que ultimamente estava sentindo fortes dores de estômago.

Ela se aproximou, estendeu as mãos sobre a região abdominal, dizendo:

— Você anda comendo muita fritura e exagerando na manteiga.

Os expectadores ficaram boquiabertos com o fenômeno que se seguiu: todos viram que a região que Sheila tocava com as mãos ficou, de repente, fosforescente e translúcida, permitindo ver em funcionamento os órgãos internos do paciente. Em seguida, recomendou:

— Fizemos uma aplicação de fluidos terapêuticos, o que não significa cura. Você deve ser mais cuidadoso em suas refeições e buscar auxílio médico.

Wallace Leal, que era um amigo do Chico, encontrava-se presente em uma reunião na qual Sheila cuidava de uma senhora portadora de câncer e de outra com problemas cardíacos. A sala estava mal iluminada por uma lâmpada de 25 velas, quando duas bolas luminosas com luz fosforescente se materializaram no ambiente, flutuando no ar e, como se tivessem endereço certo, se deslocaram para as pacientes. Uma pousou sobre a cabeça da senhora cardíaca e a outra sobre o ombro da que era portadora do câncer.

Intrigado, Wallace pediu permissão para tocar naquelas formas luminosas que tinham a tonalidade azulada. Depois de tocadas, as bolas foram como que integradas pelo organismo das doentes, desaparecendo, mas deixando por alguns segundos, a tonalidade azulada na região onde foram absorvidas.

Em seu depoimento, o impressionado Wallace disse que a sensação que tivera, quando tocou uma das formas, era a de uma textura delicada, levemente umedecida, parecendo um tênue vapor ou um filó.

Todavia, apesar dos fenômenos maravilhosos, das materializações fantásticas, das provas irrefutáveis da existência do mundo espiritual e da sobrevivência do espírito além-túmulo, havia sempre os incrédulos que duvidavam das provas apresentadas e das fotografias, achando que tudo era um truque mambembe.

As reuniões desgastavam em demasia e tomavam o precioso tempo do Chico. Quando encerravam a reunião, o médium apresentava-se extremamente debilitado, em estado de completa exaustão.

No ano de 1953, no final daquela que seria a última reunião de efeitos físicos, a sala se iluminou com a materialização de Emmanuel. O guia de Chico apresentou-se com a fisionomia séria e austera de sempre e, com sua voz grave, comunicou:

— Amigos, a materialização é um fenômeno que pode trazer alguns benefícios. Muitos ficam deslumbrados, outros alcançam cura para seus problemas físicos, mas não é solução definitiva. Todavia, o livro representa a chuva que fertiliza a sementeira, com alcance de milhões de pessoas. Rogo aos amigos a suspensão destas reuniões a partir de hoje, para que o médium possa se dedicar com mais afinco à sua missão: a do livro e do esclarecimento.

As ordens de Emmanuel foram cumpridas à risca e as reuniões de materialização nunca mais voltaram a acontecer. Chico necessitava ocupar seu precioso tempo produzindo os livros que, no dizer de Emmanuel, eram a chuva que fecundariam as sementeiras e as lavouras do saber, iluminando e libertando as criaturas pelo conhecimento. Jesus disse: "*Conheça a verdade e a verdade te libertará*".

As chuvas foram proveitosas e as sementeiras, abundantes. Chico psicografou mais de 414 livros e a quantidade de exemplares vendidos chegou a quase 30 milhões.

* * *

Como naquela época, ainda hoje existem muitos incrédulos.

No Monte Thabor, na transfiguração de Jesus, Moisés e Elias se apresentaram materializados ao seu lado, diante da vista dos discípulos.

Diante do povo faminto, o Mestre multiplicou pães e peixes que se materializavam a olhos vistos, diante da multidão.

A pergunta é: por que as pessoas duvidam? Os discípulos presenciaram aqueles fenômenos maravilhosos e, quando chamados a dar o testemunho, Pedro negou o Mestre três vezes. Judas, equivocado, não o entendeu. Os demais discípulos fugiram para se esconderem quando o Divino Amigo foi aprisionado. Após sua morte na cruz, Tomé duvidou quando os companheiros disseram que ele havia aparecido em uma reunião e, mesmo quando o Mestre se apresentou ao incrédulo discípulo, teve que incitá-lo ao desafio para que pudesse crer:

— Toque minhas chagas, Tomé.

E depois arrematou:

— Você acreditou porque viu, mas bem-aventurados os que não viram e creram.

Ainda hoje existem os incrédulos que continuariam incrédulos mesmo com as provas irrefutáveis de materialização dos espíritos e, por essa razão, Emmanuel recomendou o fim das reuniões.

Infelizmente muitas pessoas, ainda nos dias de hoje, buscam os fenômenos materiais para a cura transitória da dor física, em vez de buscar a causa espiritual e encontrar a cura definitiva por meio do conhecimento que liberta a alma humana do cipoal dos equívocos transitórios da matéria.

O livro representa as chuvas que fecundam terrenos férteis e fazem brotar a sementeira do conhecimento, fazendo com que o ser humano tenha consciência de si mesmo, de suas imperfeições, de suas fraquezas e de suas virtudes. Liberta a criatura iluminando sua estrada com a luz do conhecimento, que é o mais importante.

Uma pena que as pessoas ainda leiam muito pouco. Deveríamos ler mais livros edificantes, como os de Emmanuel, André Luiz, Joanna de Ângelis, e principalmente as obras da codificação.

28

Uma besta espírita

No ano de 1931, apenas no início de sua grandiosa jornada literária, Chico estava psicografando belíssimos poemas que seriam depois publicados em 1932, com o título de *Parnaso de Além-Túmulo.*

Eram poesias belíssimas assinadas por Augusto dos Anjos, Casimiro Cunha, João de Deus, entre outros nomes de respeito e sobejamente conhecidos no meio literário.

Um amigo do Chico, embora católico, havia ficado extremamente impressionado com o conteúdo denso dos versos e das rimas que havia lido. Ao tomar conhecimento de que um conhecido escritor mineiro na ocasião se encontrava em Pedro Leopoldo, conseguiu agendar um encontro com o médium, falando sobre a importância de um escritor conhecido dar sua opinião sobre as poesias psicografadas.

Ainda muito inexperiente e considerando a importância do aval de um escritor de renome sobre o que escrevia, Chico se animou trajando a melhor roupa que possuía para melhor impressionar o "dito" escritor.

No dia e horário aprazado, lá estava o Chico enfiado em uma calça de linho branco e em uma camisa de brim com um calhamaço de escritos debaixo do braço. Ao chegar, o amigo o apresentou:

— Este é o médium que lhe falei.

O intelectual olhou Chico de cima para baixo, cumprimentou-o e, em seguida, sem mais delongas, começou a ler as poesias. Deteve-se um pouco mais em algumas poesias, outras passou rapidamente sem dar muita atenção e finalmente sentenciou:

— Tudo isso é bobagem!

Olhou novamente para a figura de Chico, que naquela altura estava extremamente constrangido, e cheio de empáfia, concluiu seu veredito:

— Este rapaz é uma besta!

Chico não sabia onde enfiar a cara de tanta vergonha, enquanto o amigo desenxabido ainda tentava argumentar:

— Mas, doutor, este rapaz é esforçado, tem boas intenções e abraça a Doutrina Espírita com convicção. É um médium espírita de valor!

Novamente o literato olhou Chico de cima para baixo e impiedosamente concluiu:

— Então é uma besta espírita!

E saiu sem dar mais atenção aos dois amigos, que ficaram olhando um para a cara do outro sem saber o que fazer. Chico foi embora muito agastado com aquela situação. Naquela noite durante a prece, sua mãezinha se apresentou. Ainda muito agastado, Chico não perdeu a oportunidade para ouvir um consolo de sua progenitora, que aparentemente parecia não estar a par do assunto. Chico, então, explicou a ela o ocorrido e esta, com um sorriso, respondeu:

— Não vejo motivo para você ficar chateado, meu filho.

— Ele me chamou de besta!

— E o que tem isso? — retrucou bem-humorada a mãezinha. — Besta é um animal muito útil e trabalha com disciplina, suportando o peso da carga com dignidade.

— Mas ele também me chamou de "besta espírita" — argumentou inconformado.

— Melhor ainda, meu filho! Imagine que você é uma besta a serviço do espiritismo, quanta carga haverá de suportar sem reclamar! Isto, sim, é importante, mas se a besta começar a dar coices para todo lado, ela deixa de ter serventia, será esquecida e deixada de lado.

Chico ficou pensativo com as palavras da mãe, que afagando seus cabelos, concluiu:

— Você não acha que fica bem assim? É melhor ser uma besta espírita que um "espírita besta"!

* * *

Quando li esse episódio da vida do Chico e a resposta bem-humorada de Maria João de Deus, fiquei pensando que ela realmente estava coberta de razão ao dizer ao filho que era melhor ser uma "besta espírita" do que um "espírita besta".

Nesses longos anos de caminhada pela Doutrina, encontrei muitos confrades de grande valor, que poderiam também ser classificados como "bestas espíritas" com muita honra e merecimento.

Foram pessoas que, longe dos holofotes e quase no mais absoluto anonimato, sempre arregaçaram as mangas e trabalharam em prol da Doutrina com coragem, enfrentando sem medo os grandes desafios quando se apresentam.

São aqueles que, quando assumem uma posição de comando, não prevalecem do cargo, vão à frente sempre e, com o seu exemplo, arrastam companheiros que se sentem contagiados com o entusiasmo dessas "bestas espíritas".

Não vou citar nomes, porque não é esse o objetivo. Eles sempre militaram no trabalho e no esforço anônimo e assim desejavam permanecer. Não para Deus, que tudo vê.

São centros pequenos da periferia, onde um punhado de trabalhadores de boa vontade, também com suas dificuldades financeiras, se desdobram no labor cristão para divulgar a Doutrina e levar alento a criaturas desesperadas que moram em favelas e em outros locais distantes e esquecidos das autoridades públicas.

Peço a permissão para citar apenas um exemplo que muito me comoveu: em uma ocasião, estava proferindo uma palestra em um pequeno centro da zona leste de São Paulo, quando no final fui abordado por um senhor que desejava conversar comigo.

Era um homem muito simples, que, com a cabeça baixa, me disse que gostou muito de minha palestra. Desejava muito que eu pudesse comparecer a uma palestra no centro que ele dirigia, mas havia um problema.

— Qual o problema? — perguntei.

Ele olhou para mim e, com os olhos marejados de lágrimas, disse:

— É que meu centro é muito pequeno e fica ao lado de uma favela. Estou com vergonha de o senhor ir lá tão longe e ver que não cabe nem trinta pessoas na sala para assistir sua palestra. Considero que nossa maior tarefa é o Evangelho para as crianças da favela, o atendimento às famílias necessitadas que são cadastradas e o enxoval para as gestantes da comunidade.

Aquele homem falava com uma sinceridade comovente. Não pude deixar de me emocionar e, então, respondi:

— Meu senhor, agora é que faço mesmo questão de ir fazer uma palestra e conhecer seu centro!

Ele me abraçou, ainda um tanto quanto receoso.

— Tem mais um problema!

— E qual é?

— Lá não tem microfone para o senhor falar!

Não pude deixar de rir.

Chegando o dia aprazado, lá compareci e, confesso que a emoção sentida foi muito grande. A sala estava completamente lotada. Havia mais de quarenta pessoas que se acotovelavam até no corredor do centro.

Depois da palestra, um grupo de crianças assistidas pelo centro cantou a canção de Francisco de Assis. Confesso que aquela manhã de domingo foi um dos dias mais emocionantes de minha vida! Depois, a esposa daquele amigo mostrou-me os enxovais que estavam preparando para dar às gestantes, explicando que também ministravam cursos aos sábados com objetivo de oferecer esclarecimentos, orientações, noções de higiene e de alimentação e, sobretudo, Evangelho.

Lutavam com dificuldades. Assistiam algumas famílias com recursos provenientes de promoções, rifas e dinheiro que os trabalhadores contribuíam para manutenção das despesas do centro e, vez ou outra, quando alguém podia, contribuía com um pouco mais.

Conhecer aquela casa e seus dedicados trabalhadores foi para mim uma ocasião memorável e ímpar: uma grande honra! Era apenas meia dúzia de "Bestas Espíritas" dotadas de boa vontade e coragem para o trabalho dignificante, conforme nos ensinou Jesus.

Infelizmente, existem também alguns "espíritas bestas", que se acham os donos da verdade, não fazem nada e dão coices para todos os lados. Mas para estes não iremos alongar ainda mais este parágrafo.

29

O episódio André Luiz

A tarefa da psicografia era uma grande responsabilidade que Chico sabia levar com dedicação e muita disciplina. Inicialmente vieram os poetas imortais e o *Parnaso de Além-Túmulo*.

Depois, Maria João de Deus (sua mãe), Humberto de Campos, que mais tarde passaria adotar o pseudônimo Irmão X, e Emmanuel, que iniciou a tarefa literária com Chico em 1938.

O trabalho de psicografia não era fácil. Naquela época, o médium dividia um minúsculo quarto com seu irmão, que dormia placidamente na cama ao lado enquanto Chico se desdobrava no trabalho da escrita espiritual.

No final de 1939, apresentou-se sob a tutela de Emmanuel, um espírito luminoso que demonstrava muito conhecimento e seriedade. Quando Chico perguntou seu nome, respondeu:

— O nome é o que menos interessa no momento. O mais importante é o trabalho em nome do Cristo.

Começaram o trabalho de psicografia, que se estendeu por alguns meses. Era um livro diferente de tudo que havia escrito anteriormente, no qual relatava as atividades de uma cidade espiritual suspensa no espaço, a sua organização e o trabalho que lá era desenvolvido. O nome da cidade: Nosso Lar.

Já estavam no final dessa obra literária e nada do espírito declinar seu nome e, como todo bom mineiro, Chico estava ensimesmado. Diante da seriedade do espírito, temia incomodá-lo com uma questão de somenos importância. Certamente quando concluísse o trabalho, o espírito haveria de lhe dizer seu nome.

Todavia, concluída a obra, Chico se viu na contingência de questioná-lo novamente, pois até então não sabia quem era aquela personalidade espiritual tão elevada que relutava em se identificar. Não havia outro jeito e, então, o espírito finalmente abriu a guarda, sorrindo diante do matuto de Pedro Leopoldo:

— Eu sei que precisa de um nome, Chico, mas como já te disse, o nome é o que menos interessa. Façamos o seguinte: coloque o nome do seu irmão que está dormindo na cama ao lado.

O irmão de Chico, que dividia o quarto com ele, era André Luiz e por esse nome ficou conhecido o espírito que escreveu, por meio da maravilhosa mediunidade do Chico, obras extraordinárias como *Nosso Lar*, *Os Mensageiros*, *Missionários da Luz*, *Obreiros da Vida Eterna*, *No Mundo Maior*, *Agenda Cristã*, *Libertação*, *Entre a Terra e o Céu*, *Ação e Reação* e tantos outros, inclusive alguns contando com a preciosa parceria de Waldo Vieira.

* * *

Esse episódio deixa ensinamentos profundos e esclarecedores para nós, médiuns.

Os espíritos bem-intencionados não estão preocupados em declinar nomes pomposos de personalidades que possam estimular vaidades pueris. Nossos irmãos maiores guardam muito cuidado, inclusive para preservar a própria segurança do médium, mas é claro que existem suas exceções.

Quando o médium já superou o estágio da vaidade pessoal, de suas fraquezas de personalidade que ainda acometem muitos de nós, os espíritos tomam todo cuidado possível.

Não há espaço para improviso no plano espiritual superior. É lógico que não estamos nos referindo a irmãos e confrades da envergadura de Chico Xavier, Divaldo Pereira Franco, Raul Teixeira e de tantos outros irmãos que já ultrapassaram a barreira do personalismo improfícuo.

Mas nós outros, que ainda caminhamos com passos vacilantes, o serviço em favor do bem é nosso melhor arrimo para nossa melhoria íntima e aprumo espiritual.

Temos que nos acautelar com irmãos espirituais que se apresentam com nomes pomposos, de personalidades literárias do passado ou com nomes respeitáveis no campo da ciência ou da arte.

Os bons espíritos e os bem-intencionados dificilmente se identificarão com seus nomes verdadeiros, exceto se houver razões imperiosas para que isso aconteça. Fora isso, eles se apresentarão com nomes simples e desconhecidos, pois, afinal, como nos ensinou André Luiz: o importante é a obra, não o nome.

30

Viajando com um padre

Em uma ocasião, Chico viajava de ônibus para Belo Horizonte. O ônibus vinha de outras cidades e fazia passagem por Pedro Leopoldo, onde rotineiramente muitas pessoas esperavam para embarcar para a capital mineira.

Quando embarcou, Chico verificou que havia um lugar vazio no corredor ao lado de uma poltrona na qual um padre se encontrava acomodado. Assim que se olharam, Chico o cumprimentou respeitosamente e o ônibus deu partida.

O sacerdote correspondeu o cumprimento com um aceno de cabeça. Chico começou a ler um livro enquanto o padre, por sua vez, também se entregou à leitura de outro, fazendo de vez em quando algumas anotações. A viagem prosseguiu até que o ônibus adentrou um pequeno vilarejo que comemorava as festividades do dia de São Pedro e São Paulo.

Como todo bom mineiro, o sacerdote, desejando puxar conversa, comentou:

— É muito bonito ver as festividades de um povo em homenagem a dois santos extraordinários da cristandade, São Pedro e São Paulo! Neste livro que estou lendo — disse o padre —, o autor dá proeminência a São Paulo sobre São Pedro. Eu não posso concordar com isso, São Pedro foi, na minha opinião, o maior dos apóstolos, porque recebeu de Jesus as chaves da igreja.

Chico conhecia aquela história de cor e salteado, como diz o ditado. Afinal havia sido testemunha ocular daquela belíssima história de amor pelo Cristo, durante os oito meses que durou a psicografia do majestoso romance de Emmanuel, *Paulo e Estêvão*.

Com cuidado, mas tomado por profundo entusiasmo, Chico falou da grandiosidade dos dois apóstolos, relatando com minúcias a grandiosa história do cristianismo das primeiras horas, do resgate de Paulo às portas de Damasco, de suas renúncias, de seu testemunho de amor ao Cristo, de sua peregrinação pelo mundo conhecido daquela época, levando a mensagem consoladora da "Boa Nova".

Falou com tanto entusiasmo, que se sentindo contagiado, o padre, que não tinha ideia de quem era aquele matuto simples com quem estava conversando, perguntou vivamente, impressionado com tanto conhecimento:

— O senhor é formado em Teologia ou possui algum curso superior?

Chico respondeu com a simplicidade característica:

— Não, senhor. Apenas cursei o quarto ano da instrução primária.

— Mas como o senhor pode saber tantos detalhes a respeito dos apóstolos, de São Pedro, de São Paulo, de Santo Estêvão com riqueza de detalhes que eu ignoro?

— É que sou médium espírita. Psicografei um livro que conta a história do grande apóstolo Paulo.

O rosto do sacerdote se iluminou com um sorriso, e ele percebeu com quem estava conversando. Pergunta para confirmar:

— Então, o senhor é o médium Chico Xavier?

Com simplicidade, Chico responde:

— Sim, senhor, para o servir!

O padre estava impressionado com a simplicidade e os conhecimentos de Chico. Respeitosamente, segurou suas mãos e pediu:

— Em nome de Jesus, que ambos cremos e servimos, permita-me que possa escrever-lhe. Tenho muitas dúvidas e desejo que o senhor, se possível, possa me esclarecer. Faça-me este favor, pois, afinal, Deus não é propriedade de nenhuma religião e, em nossa fé, todos nós pertencemos a Ele.

Visivelmente emocionado com a atitude do padre, Chico abraçou-o prometendo:

— Pode escrever, padre, que de bom grado lhe responderei! Assim, com amizade e respeito, nós dois trabalharemos para a grandeza do Criador, com amor ao Evangelho do Cristo, agindo sempre na prática do bem que sempre agrada os olhos de Deus, como nos ensina nosso benfeitor Emmanuel.

Durante anos o padre escrevia e Chico respondia! Trocaram muitas cartas, como, aliás, Chico sempre fazia com irmãos de outras crenças, particularmente com sacerdotes católicos bem-intencionados, como aquele companheiro de viagem, que no final, tornaram-se grandes amigos.

* * *

Jesus era judeu por nascimento. Entretanto, em sua grandiosa missão de amor e esclarecimento, imprimiu nova dimensão ao entendimento da religiosidade, na compreensão do "Amar a Deus de todo seu coração e todo seu entendimento e amar ao próximo como a si mesmo". Nisso se resume toda Lei e os Profetas, asseverou o Mestre. Todas as religiões baseadas no cristianismo vieram depois, criadas pelo homem falível e, conforme nos relata a história da humanidade, alguns se serviram da palavra do Cristo para criar suas próprias igrejas, se prevalecerem delas, fomentar discórdias e desentendimentos entre os povos.

O Cristo sabia que tudo isso aconteceria, que sua palavra, com o tempo e por interesses escusos, seria deturpada e, por essa razão, nos prometeu o "Consolador".

O Espiritismo veio na época aprazada materializar não uma simples ou mais uma religião, como tantas outras que já existiam. Além dos aspectos fundamentais da triplicidade, tendo como base o Evangelho, a ciência e a filosofia, o Espiritismo é a única religião que foi prometida pelo próprio Jesus e que veio para materializar sua promessa quando disse:

Eu rogarei ao Pai e Ele vos enviará outro Consolador a fim de que esteja para sempre convosco. É o Espírito da Verdade que o mundo não pode receber porque não o vê nem o conhece, porque ele habitará convosco e estará em vós.[7]

Mas eu vos digo a verdade: convém que eu vá, porque se eu não for, o Consolador não virá para vós outros, se porém eu me for, eu vo-lo enviarei. Quando ele vier, convencerá o mundo do pecado e da injustiça e do juízo.[8]

Tenho muito para vos dizer, mas não poderíeis suportar agora. Quando vier porém, o Espírito da Verdade, ele vos guiará a toda verdade, porque não falará por si mesmo, mas dirá tudo o que tiver ouvido e vos anunciará as coisas que haverão de vir.[9]

Assim veio o Espiritismo resgatar os ensinamentos do Cristo em sua simplicidade e pureza para dizer o que Ele não pôde nos dizer naquela época, porque ainda não podíamos suportar.

O espiritismo, tendo como tríplice base a religião, a ciência e a filosofia, trouxe o conhecimento da palavra que deveria iluminar

---

7 *João Cap. 14 – Vers. 16/17.*

8 *João – Cap. 16 – Vers. 7/8.*

9 *João Cap. 16 – Vers. 12/13.*

e libertar o ser humano das trevas da ignorância e das dissensões religiosas. Deveria!

Quando Léon Denis, no livro *Além da Morte*, diz: *"Tende por templo o Universo, por altar a consciência, por imagem Deus e por lei a caridade"*, ele nos dá uma verdadeira dimensão do pensamento espírita. Mostra-nos um verdadeiro conceito de pensamento livre isento de amarras, de preconceitos, de sentimentos pequenos e tacanhos, de que minha religião é melhor que a sua.

O espiritismo é assim. Sem julgamentos, sem preconceitos, sem pensamentos que somos os melhores e que os demais não prestam. Os espíritas também são assim, ou deveriam ser, pelo menos quem entendeu o profundo significado do Consolador Prometido por Jesus!

O *Evangelho Segundo o Espiritismo*[10] esclarece:

"O espiritismo ***bem compreendido****, mas sobretudo* ***bem sentido****, conduz forçosamente aos resultados acima, que caracterizam o verdadeiro cristão. O Espiritismo não criou nenhuma moral nova, facilita aos homens a inteligência e a prática da moral do Cristo, dando uma fé sólida e esclarecida àqueles que duvidam ou vacilam... Reconhece-se o verdadeiro espírita pela sua transformação moral e pelo esforço que faz para domar suas más inclinações."*

Ultimamente, tenho ouvido alguns comentários de alguns confrades espíritas alegando que, pelo fato da origem do Chico ter sido católica, às vezes suas mensagens traziam em seu conteúdo, conceitos católicos.

Ora, poderemos afiançar, sem sombra de dúvidas, que Chico foi um dos poucos espíritas verdadeiros, que conheceu e compreendeu o espiritismo em sua profundidade de conceito filosófico e religioso. Chico amou indistintamente, compreendeu a todos sem perguntar qual era a religião de cada um, serviu com desapego

---

10 *Cap. XVIII – Item 4 – Os Bons Espíritas.*

sem se importar qual era a religião do necessitado, perdoou aos agressores incompreensivos, exemplificou na renúncia e na caridade mais simples o privilégio de servir em nome do Cristo, independente de religião.

Em nosso meio, deveríamos estar mais atentos e aprender a lição do verdadeiro espírita, recomendada no *Evangelho Segundo o Espiritismo*, domando nossas más inclinações, fazendo um esforço extra para que melhoremos intimamente, cada vez mais, sem preconceitos e julgamentos.

31

A visão do amor

Orientam-nos os bons espíritos que, à medida que o espírito evolui, sua consciência se expande, sua compreensão se amplia e seu campo de visão e entendimento se dilatam para além da linha do horizonte visível.

Quando o ser humano atinge esse estágio evolutivo de compreensão, não é o mundo que muda, não é a humanidade que se transforma. O mundo continua igual, a humanidade continua como sempre envolvida no turbilhão de conflitos, angústias, tormentas. A violência continua a mesma, as dificuldades continuam da mesma forma. Quem muda é você, e com essa mudança, você passa a ter uma visão diferente do mundo e das pessoas.

Quando o espírito atinge esse degrau evolutivo, ele se dá conta de que o Divino habita seu íntimo, que faz parte de seu ser, de sua essência espiritual. Ele se eleva e se fortalece na mais sublime energia que existe, da qual o universo se encontra saturada e que mantém tudo em equilíbrio e harmonia: a energia do amor.

Por essa razão, Jesus nos afiançou: "*Edifica em ti o Reino de Deus, porque o Reino de Deus está em vossos corações*". Dessa forma, quando o ser humano passa a vibrar na energia do amor, o Reino de Deus se instala em seu coração. A criatura, então, se torna paciente com o próximo, tolerante com as faltas alheias, compassivo para com os mais necessitados, clemente para com os mais simples, compreensivo para com os adversários, amoroso para com o semelhante e caridoso diante dos humildes e dos aflitos.

Não julga, não condena, não exterioriza palavras ofensivas, não profere o verbo de forma negativa, nem emite conceitos preconcebidos e apressados, enfim, ama, compreende, tolera, pratica o bem sem que a mão direita saiba o que a esquerda fez e vice versa.

Assim era Chico Xavier. Como já dissemos anteriormente, não era perfeito, muito pelo contrário, estava longe de ser. Ele sabia disso e tinha consciência de tal forma, que foi capaz de perdoar aqueles que o ofenderam, de não revidar diante das agressões, de compreender e passar por cima de tantas provas e julgamentos trazendo sempre uma visão positiva dos episódios sofridos e, amparado por seu guia espiritual, conseguia sempre identificar nas dificuldades a oportunidade do aprendizado.

Chico sempre promovia distribuição de cestas básicas, de auxílio aos mais necessitados, de alimentos e roupas à população carente. O resultado eram filas enormes e intermináveis, cuja distribuição Chico acompanhava munido de paciência e amor até que o último da fila fosse atendido.

Em uma ocasião, Chico ouviu alguém comentar que era perda de tempo fazer tudo aquilo, porque não resolvia os problemas das pessoas e que a maioria era mal agradecida, pois poucos eram os que agradeciam.

O médium deu um sorriso e respondeu:

— Tenho certeza de que não iremos resolver os problemas do mundo com gestos como este, mas estou certo de que estamos amenizando o sofrimento de muita gente que não tem o que comer.

Todavia, alguém mais insistiu no comentário, dizendo:

— Muitos dos que estão na fila não precisam e, além do mais, são mal-agradecidos.

Então, Chico ouvia a voz de Emmanuel orientando:

— Chico, diga aos nossos companheiros que devemos usar de caridade e muita tolerância para com os necessitados de Jesus, pois realmente muitos deles são impacientes e exigentes. Por outro lado, na prática da caridade verdadeira, somos nós que deveremos estar munidos da paciência e da tolerância.

Em outra ocasião, alguém identificou na enorme fila uma senhora de Uberaba que esperava receber a cesta básica de alimentos e as roupas distribuídas. O detalhe é que era uma pessoa bem de vida, não era uma necessitada. Alguém ficou indignado com aquela situação e comentou com Chico a respeito.

A resposta do médium foi surpreendente:

— Estou admirado com a humildade desta senhora! — disse ele. — Vejam vocês, ela não é uma necessitada, entretanto enfrenta uma fila enorme como esta, sem se importar com o sol quente e até chuva, esperando pacientemente chegar sua vez para pegar os mantimentos e roupas que distribuímos.

As críticas choviam de toda parte. Eram os vizinhos do centro que reclamavam dos necessitados que entulhavam as ruas circunvizinhas ao centro. Eram pobres que vinham de todas as regiões próximas a Uberaba provocando reclamações de alguns cidadãos Uberabenses, pelo acúmulo de miseráveis que aportavam na cidade por ocasião das distribuições, particularmente no fim de ano.

Os adversários de plantão emitiam críticas ferinas e impiedosas, alegando que Chico contribuía para encher a cidade de miseráveis. Todavia, Chico não dava a mínima importância, continuando firme no trabalho em favor dos mais necessitados, na prática do bem e da caridade, sem se importar com problemas de ingratidão ou críticas.

* * *

Amigos, esta página nos remete a profundas reflexões. Não é fácil ao cristão que ainda se encontra no estágio no qual a falta de reconhecimento provoca desmotivação porque não houve gratidão ao bem praticado.

Não podemos esquecer que *O Evangelho do Cristo* nos ensina que "*quando derdes esmolas, que a mão esquerda não saiba o que fez a mão direita, a fim de que vosso auxílio fique em segredo e o Pai que tudo vê o que se passa em segredo, dela vos recompensará*".[11]

Entretanto, temos ainda que considerar que o fato de praticarmos a caridade não nos confere, em nenhuma condição, o direito de criticarmos e julgarmos o irmão que a recebe e que retribui o bem recebido com ingratidão.

Temos que aprender a amar, servir e seguir adiante sem olhar para trás à espera do agradecimento de quem quer que seja, para não incidirmos em um grave equívoco de julgamento que venha nos trazer desânimo e desalento no trabalho que nos foi confiado na Seara do Mestre. Cristo espera que cada cristão, que já tem o mínimo conhecimento do Evangelho, possa estar sempre munido de paciência e tolerância a serviço do bem.

11 *Mateus Cap. VI – Vers. 3 e 4.*

32

A conquista pela simplicidade

No primeiro programa Pinga Fogo, as perguntas formuladas pelos entrevistadores eram escorregadias e cheias de armadilhas, com objetivo claro de encurralar o entrevistado.

Entretanto, para surpresa de muitos, Chico respondia com incrível calma para quem, pela primeira vez, se via na condição de entrevistado em um programa de tamanha importância, diante de personalidades como o jornalista Saulo Gomes, Reali Júnior, Helle Alves, além de João de Scantimburgo, e para contrabalançar, o amigo e espírita notável, Herculano Pires. O mediador era, nada mais, nada menos, que o jornalista Almir Guimarães.

O programa já havia mais que ultrapassado seu horário normal e se estendia madrugada adentro, em virtude da imensa audiência auferida, levando seus produtores a estendê-lo ao máximo. As perguntas choviam de todas as partes do país deixando os telefones congestionados.

Chico respondeu perguntas sobre os mais variados temas, abordando sexo, reencarnação, religião, cremação e bebês de proveta, este último era a grande novidade da ciência naquela época.

Toda vez que lhe cabia formular a pergunta, João de Scantimburgo cutucava o médium com vara curta, com perguntas como esta: por que filósofos como Platão, Aristóteles, Kant não haviam ainda ditado do "além" novas obras filosóficas por meio da psicografia?

Sem se abalar e com surpreendente calma, Chico respondeu educadamente com outra pergunta:

— Com todo respeito ao senhor, eu me permitiria perguntar se eles também não seriam médiuns!

O entrevistador ficou visivelmente contrariado, respondendo com irritação:

— Este aqui é um programa de perguntas e respostas e não de debate.

Chico, então, sorriu sem perder a calma, exibindo o lado diplomático de sua personalidade humilde, concordando e pedindo desculpas ao entrevistador, que acabou por aceitar seu questionamento. Em alguns trechos da entrevista, declarou seu imenso respeito à igreja Católica — "em cujo seio fui acolhido e formei minha fé" —, pensando e medindo delicadamente cada palavra para não ser contundente em demasia com os países que haviam legalizado o aborto, pediu perdão ao utilizar a expressão "assassinato de crianças" ao se referir àquela prática. Falou sobre os bebês de proveta e considerou que o avanço da ciência é um bem que deve ser utilizado com sabedoria e a favor do progresso e do bem-estar do ser humano.

Chico falou sobre temas bem mais complexos, quando um telespectador o questionou com uma pergunta formulada por telefone. Este questionava sobre o livro *Cartas de uma morta*, de sua psicografia, pelo espírito de Maria João de Deus, a respeito da vida em outros planetas. O telespectador dizia que o espírito havia afirmado que existia vida no planeta Marte, porém as sondas espaciais desmentiam essa informação.

Sem se abalar, Chico esperou alguns segundos, respondendo com serenidade, repetindo as palavras que ouvia de Emmanuel:

— Sabemos que o espaço não está vazio. Todavia, precisamos aguardar o avanço da ciência em descobertas mais amplas e na definição mais precisa daquilo que chamamos antimatéria. Então, deveremos aguardar para que a ciência possa interpretar para nós a vida em outras dimensões, em outros campos vibratórios.

O ambiente ficou mais descontraído quando Chico relatou o episódio do avião, no qual temeu pela própria vida. O público se divertiu dando boas risadas com a história contada com bom humor e Chico conquistou definitivamente a todos com sua simplicidade, demonstrando sua própria fraqueza, seu lado humano e frágil, como qualquer outra pessoa vivendo o quotidiano da vida.

Para finalizar o programa, Almir Guimarães pediu ao entrevistado que colocasse no papel uma mensagem espiritual, ao qual Chico respondeu com simplicidade:

— Vamos tentar.

O público ficou no mais completo silêncio enquanto Chico se concentrava colocando a mão esquerda sobre a fronte. Em seguida, o lápis que segurava começou a deslizar pelo papel com velocidade impressionante.

De repente Chico parou. Levantou a cabeça, ajeitou os óculos, respirou fundo e começou a ler um belíssimo soneto. A expectativa era que uma grande personalidade do outro mundo, um poeta da envergadura de um Castro Alves ou Augusto dos Anjos viesse dar sua mensagem como *Grand Finalle*, mas foi um poeta desconhecido para a maioria dos presentes, que se apresentou: Cyro Costa, com o soneto intitulado "O Segundo Milênio".

O poeta havia desencarnado no ano de 1937 com apenas dois livros publicados. Fora, enquanto encarnado, além de poeta, conferencista, jornalista, advogado, integrante da Academia Paulista de Letras e delegado da Polícia Militar do Rio de Janeiro.

No final do programa, mais uma vez, Chico deu demonstração da figura humana sensível que era ao pedir para que encerrasse fazendo a prece do Pai Nosso. O que o público presente e do país inteiro assistiu foi a uma cena comovente quando Chico, com a voz embargada pela emoção, orou o Pai Nosso como sua mãe havia ensinado quando tinha apenas cinco anos de idade. No silêncio absoluto daquele momento, apenas a voz de Chico era audível, enquanto as lágrimas rolavam por sua face.

O público presente se levantou e aplaudiu demoradamente aquele homem franzino, baixinho e desengonçado, mas grandioso em espiritualidade. O que o público tinha em frente, ou na tela da televisão, não era simplesmente um homem: era Chico Xavier em sua dimensão humana e espiritual até então desconhecida pela maioria dos brasileiros.

Chico conquistou com sua simplicidade pessoas de todos os credos. Eram católicos, protestantes, umbandistas e até os evangélicos tradicionais. A simpatia pelo espiritismo se ampliou consideravelmente e, nos dias que se seguiram, os comentários eram unânimes: as pessoas leigas estavam surpresas, pois jamais haviam imaginado que o espiritismo era algo tão envolvente e com tamanha seriedade, como os conceitos transmitidos por aquele homem tão simples, de aparência ingênua, mas que trazia conhecimentos profundos e insuspeitos por todos.

Possivelmente até pelos próprios entrevistadores.

33

Um privilegiado?

No final de 1976, a disciplina de trabalho do Chico era estafante. Eram compromissos e mais compromissos, sem esquecer a psicografia, pois a tarefa da escrita tinha que prosseguir, afinal, no dito de Emmanuel, o livro era a chuva que fecundava a lavoura, permitindo que germinasse a sementeira benfazeja.

Na maioria das noites, Chico não conseguia dormir mais que três ou quatro horas. Todavia, sua aparência física não demonstrava cansaço, Chico parecia sempre renovado em energias saudáveis que desafiavam a maratona do trabalhador dedicado da Seara do Mestre.

Mas quem conhecia Chico sabia que era apenas aparência. As sucessivas crises de angina o torturavam, enquanto suas vistas, cada vez mais castigadas pelo trabalho intenso, davam sinais de cansaço e sua visão física se apresentava cada vez mais comprometida. O corpo físico se apresentava cada vez mais desgastado, mas a vontade e a disciplina de Chico não permitiam descanso.

Seguia à risca as recomendações do Dr. Eurípedes Tahan Vieira, seu médico e amigo, submetendo-se a uma dieta rigorosa, evitando frituras e carnes gordurosas, enquanto tomava medicamentos à base de vasodilatadores. Passou a evitar o café com leite que ele tanto gostava, mas nunca reclamou de nada!

Em julho de 1977, com a saúde debilitada, Chico não exibia mais o vigor físico de outros tempos. O corpo maltratado já exibia sinais de cansaço que seu condutor não queria admitir para prosseguir sempre, apesar das limitações impostas pela doença dos olhos e do coração. Foi nessas condições físicas que Chico comemorou os cinquenta anos de mediunidade, encaminhando para as livrarias naquele ano, nada mais, nada menos, que dez novos livros.

Em visita a São Paulo, no final de 1977, Chico ouviu de um senhor o seguinte comentário:

— Chico Xavier só consegue escrever tanto e fazer tantas coisas porque é um privilegiado.

Aquelas palavras ficaram remoendo em sua mente. Ficou pensando em que se baseava aquele senhor para dizer semelhante coisa. Privilegiado por quê? Nasceu em família pobre e numerosa, passou por dificuldades desde a tenra infância, ficou órfão de mãe aos cinco anos de idade, foi levado para morar com sua madrinha, a qual desferia uma surra com vara de marmelo quase todos os dias e posteriormente passou a supliciá-lo, enfiando um garfo em sua barriga. Começou a trabalhar ainda garoto em uma fábrica de tecidos, agravando sua condição respiratória. Sofreu perseguições, calúnias, difamações, lembrou-se com tristeza do sobrinho Amaury Pena, do abandono por parte de pessoas queridas, de incompreensões de todos os tipos. Teve que dar testemunhos mais de uma vez em favor do Cristo, sofreu críticas de enriquecimento e favorecimento a familiares. Em pensamento, descambou em lembranças de sua vida, tentando entender em seu arrazoado íntimo o porquê daquela afirmação, quando ouviu a voz grave de Emmanuel dizendo:

— Por que está tão preocupado, Chico? Este senhor tem mesmo razão. Você é um privilegiado.

Apanhado de surpresa diante de seus pensamentos, Chico ficou tentando entender o que Emmanuel queria dizer. Não precisou esperar muito, porque o mentor prosseguiu:

— Você é, sim, um privilegiado, Chico, porque privilegiado é aquele que tem a oportunidade de servir e amar em nome do Cristo! E isto você fez a vida inteira! Você é um privilegiado.

* * *

Amigos, diante das palavras de Emmanuel, temos que nos calar e refletir profundamente.

Chico foi um privilegiado porque – a despeito de todos os problemas, das limitações impostas pelas dificuldades da vida, das doenças que nunca lhe deram trégua, do cansaço físico, dos compromissos que jamais deixou de cumprir – Chico sempre encontrou espaço e tempo para cumprir sua tarefa, sua missão, sem jamais deixar de exemplificar. Era um sorriso aqui, um abraço acolá, uma palavra de conforto mais adiante, a mão que se estendia para levantar o caído e ainda encontrava tempo para atender a multidão que aumentava a cada ano, para confortar os desesperados daqueles que o procuravam com corações despedaçados pela perda de entes queridos e jovens que haviam partido precocemente.

Chico jamais deixou para trás uma tarefa, por menor que fosse.

Os bons espíritos confiam naqueles que tem compromisso e, por essa razão, esperam que possamos abraçar com alegria e amor os compromissos a nós confiados. Diz o ditado que "*quando se quer alguma coisa, temos que pedir a alguém que seja muito ocupado, porque o ocupado tem compromisso e seriedade e encontrará a oportunidade para fazer o que é necessário*". Não devemos pedir algo a um desocupado, porque este não o fará, porque o desocupado nada faz, por isso é desocupado.

Quem quer fazer, quem tem vontade encontra a oportunidade de fazer e faz. Quem não quer fazer encontra desculpas para não fazer.

Poderia dizer ainda mais, recordando as palavras de Emmanuel, privilegiados somos nós, porque conhecemos a Doutrina Espírita, temos o conhecimento que ela nos faculta e que nos permite o alargamento de nossa visão e da compreensão da vida, assim ampliamos nossos horizontes de entendimento que nos permitem vislumbrar a luz além do horizonte visível.

Somos privilegiados, porque recebemos por meio da mediunidade consoladora a oportunidade de servir em nome do Cristo.

Depende só de nós, se nos colocamos na condição do "ocupado" que realiza ou do "desocupado" que procura (e encontra) desculpas para não fazer.

Essa resposta é de nosso "foro íntimo". Entretanto, O Pai Eterno conhece o mais secreto de nossos pensamentos. Os bons espíritos também. Isso não é apenas um alerta. É também uma advertência.

34

O Nobel da Paz

Em 1980, Chico já havia psicografado quase duzentas obras e seus livros haviam alcançado a impressionante marca de quase dez milhões de exemplares vendidos, cujos direitos autorais foram revertidos a mais de 2 mil instituições de caridade.

Para conseguir manter essa maratona de compromissos, Chico seguia à risca as prescrições médicas, sem jamais deixar de lado o trabalho. — *O trabalho engrossa o fio da vida.* — costumava dizer aos amigos. Naquela época, Chico reunia alguns amigos mais próximos e se dirigia a um abacateiro, uma árvore frutífera e frondosa que dava muito fruto e muita sombra, localizado na Vila dos Pássaros Pretos, para um lazer que ele considerava um refrigério espiritual: a leitura e o comentário de O Evangelho Segundo o Espiritismo ao ar livre.

Foram momentos de alegria, de descontração e de muita espiritualidade compartilhados por amigos queridos do coração e também por pessoas simples, que se acotovelavam ao redor para ouvir a palavra de orientação do médium, sempre tendo como base o Evangelho do Cristo.

Foi em uma dessas manhãs ensolaradas, embaixo do abacateiro, ouvindo o som da brisa que soprava em sintonia com as palavras do Evangelho, que um grupo de amigos de São Paulo e do Rio de Janeiro se apresentaram, liderados por Augusto César Vanucci, trazendo uma proposta: que Chico pudesse concordar e permitir que fosse deflagrada uma campanha para colher assinaturas com objetivo de indicá-lo ao Prêmio Nobel da Paz.

Mas o que Chico queria mesmo era paz de espírito. Jamais pensou em recompensas ou honrarias terrenas, embora, por inúmeras vezes, precisasse comparecer a cerimônias para receber o título de cidadão desta ou daquela cidade. Queria distância das luzes dos holofotes e dos ambientes requintados. Seu lugar era junto aos pobres, aos sofridos e aos necessitados.

O médium deu um sorriso meio sem graça e desconversou. Continuou seu trabalho de atendimento aos pobres da Vila dos Pássaros Pretos, distribuindo alimentos, roupas e remédios. Era isso o que gostava de fazer e desejava morrer trabalhando em favor dos irmãos mais necessitados, como dizia sempre.

Mas os amigos de Chico não desistiriam tão facilmente. Era um desejo genuíno e sincero ver aquele homem tão frágil na aparência física e, ao mesmo tempo, tão grandioso em seus valores espirituais ter seu valor reconhecido mundialmente. Nada melhor do que o Prêmio Nobel da Paz, aliás, a paz que Chico sempre pregou a vida inteira.

Sabedores da opinião contrária de Chico e preocupados para que ele aceitasse e se envolvesse no projeto, muitos admiradores, sob a liderança de Vanucci, armaram um estratagema para envolver Chico naquele propósito. Convidaram-no a ir até o Rio de Janeiro, com a desculpa de que iriam gravar um programa em homenagem a Divaldo Pereira Franco, no qual Chico daria seu depoimento a respeito do maior orador da Doutrina Espírita.

Chico aceitou de bom grado e, somente quando lá chegou, se deu conta de que o programa era na verdade em sua homenagem. Então, já era tarde! O Programa foi levado ao ar pela Rede Globo de Televisão com o título *Um homem chamado amor*. Era o pontapé inicial para a campanha do Nobel da Paz.

Agora teria que enfrentar os holofotes, pensou consigo mesmo, tudo em prol da Doutrina. Adentrou o palco do Teatro Globo sendo recebido por Glória Menezes, que diante do médium, não conseguiu controlar a emoção, ficando em lágrimas diante da figura franzina e alquebrada pelo peso de tantos janeiros.

Visivelmente sem graça, Chico tentava sorrir. Vestia com simplicidade uma camisa xadrez e um terno branco, e diante das câmeras, falou sem rodeios sobre diversos assuntos, como a inseminação artificial, os problemas da infância e dos jovens, além de mencionar a visita do Papa João Paulo II ao Brasil, marcada para acontecer nos próximos dias.

Pelo programa, desfilaram figuras de destaque do meio artístico, como Lima Duarte, Paulo Figueiredo, Tony Ramos. Representantes da música do mais alto escalão também marcaram presença, como Roberto Carlos, Vanusa, Joyce e Elis Regina.

Concluída a gravação do programa, Vanucci se aproximou para abraçá-lo com um sorriso nos lábios. Abraçou demoradamente Chico que, àquela altura, não tinha mais como argumentar. Olhou o amigo nos olhos e disse:

— Tudo pela Doutrina.

Era a aceitação de Chico. Todavia, não faltaram os críticos de plantão insinuando que o médium havia sucumbido à vaidade. Sem se importar com os críticos de sempre, Chico prosseguia aproveitando, toda vez que podia, divulgar as noções da Doutrina Espírita diante das câmeras, trazendo sempre uma frase que resumia sua simplicidade de espírito:

— Quero sempre recordar Jesus quando ele nos aconselhou: *Amai-vos uns aos outros como eu vos amei!*

Em outras ocasiões, com sua voz já bastante debilitada, repetia o refrão Evangélico: — Amar sem esperar ser amado e sem aguardar recompensa alguma. Amar sempre!

Dez anos depois do programa Pinga Fogo, Chico exibia uma figura frágil, debilitado pelas sucessivas crises de angina, do problema crônico nos olhos, do visível cansaço físico, mas ao mesmo tempo, era uma figura desenvolta que irradiava uma energia espiritual incompreensível para muitos. Chico assumiu de vez a campanha em prol de sua candidatura ao Nobel da Paz e, diante dos microfones, falava com desenvoltura, o que contrastava com sua voz debilitada, respondendo a perguntas dos repórteres.

Falou a respeito da vida em outros planetas, da população espiritual que gravita em torno da Terra, que segundo ele era em torno de 20 bilhões de espíritos, de discos voadores e de outros assuntos.

Vez ou outra, perguntas polêmicas, como aquela em que o repórter questionou o que ele achava da visita do Papa João Paulo II, que foi recebido com muita pompa como se fosse um rei. — Por que tanta ostentação quando vivemos em um país pobre? — insistiu o repórter.

O médium ficou com a fisionomia séria ao responder:

— O Papa tem toda minha admiração, é um homem bom que respeita o ser humano e que tem muita responsabilidade na direção da Igreja Católica. O papa merece todo nosso respeito, por tudo o que é e por tudo o que representa. Se nosso país gasta tanto dinheiro com futebol e com carnaval, porque teria que economizar para receber o Sumo Pontífice, que se ajoelha e beija o chão das terras por onde tem passado?

As palavras de conciliação e bom senso acabavam atraindo a simpatia para a figura de Chico e para a Doutrina Espírita. Muitos católicos, e de outros credos também, se diziam simpatizantes do Espiritismo.

A candidatura de Chico passou a receber apoio de toda parte, inclusive de outros países, como da África do Sul por meio da Universal Temple Spiritualist Church, dos Estados Unidos pela Saint Francis Catholic Church e de mais 26 países.

No Brasil, os mais de 5 mil Centros Espíritas se lançaram à tarefa de coletar assinaturas, bem como quase duzentas câmaras de diversos municípios brasileiros. Juntaram-se também a Vanucci o então deputado Freitas Nobre e sua esposa, Dra. Marlene Nobre, além do próprio Divaldo Pereira Franco.

A campanha ia de vento em popa, e o clima de euforia tomou conta de muitos dos que participavam da campanha, na qual se desdobravam no esforço de angariar simpatias e assinaturas. Chico, entretanto, como bom mineiro, não se empolgava muito e estava sempre meio desconfiado. Todavia, aproveitava as oportunidades que tinha diante da mídia para divulgar, sempre que podia, os conceitos doutrinários.

Na verdade, sua indicação iria concorrer com a do Papa João Paulo II e a do sindicalista Lech Walessa. Chico sabia das dificuldades e tinha consciência de que suas chances eram remotas diante de concorrentes tão respeitáveis.

Enquanto seguiam a campanha e as coletas de assinatura de apoio, Chico continuava atendendo no Grupo Espírita da Prece em Uberaba. Cansado, o corpo arqueado, tendo que se medicar constantemente por causa das quedas súbitas de pressão arterial e das crises de angina que não lhe davam paz, Chico prosseguia em sua tarefa.

Em uma noite, enquanto atendia o público, uma senhora aproximou-se em prantos para dizer que havia assassinado o próprio filho drogado, para que ele não tirasse sua vida e a de seu marido, o pai do rapaz.

Sentindo forte pressão no peito e a dispneia que lhe tirava o ar dos pulmões, cambaleante, Chico abraçou aquela mulher e chorou junto com ela. Em seguida, respirou fundo para encontrar algumas palavras de consolo espiritual para aquela mãe desesperada:

— Vamos orar, minha irmã, para que Deus nos dê forças para continuar vivendo!

No início de 1981, Freitas Nobre desembarcou no Comitê Central em Oslo, capital da Noruega, para entregar ao diretor presidente do Instituto Nobel, Sr. Karl Swerderup, um calhamaço de documentos que detalhavam a obra assistencial de Chico Xavier. O deputado esclareceu aos responsáveis que havia deixado no Brasil as listas de apoio com mais de dois milhões de assinaturas. Se quisessem, providenciaria a entrega. Os responsáveis pelo exame dos documentos delicadamente recusaram.

Ficaram impressionados com a extensão da obra de Chico Xavier: mais de 2 mil entidades assistenciais haviam sido beneficiadas com os recursos que Chico havia doado, advindos dos direitos autorais dos livros psicografados. O presidente do instituto ficou admirado com uma obra assistencial em Fortaleza que havia sido beneficiada com a renda dos livros de Chico, de tal forma que permitiu o atendimento médico e o parto totalmente gratuito de mais de 100 mil gestantes pobres.

— Isto representa quase um quarto da população da Noruega! — exclamou.

No Brasil, muitos tinham como certa a premiação de Chico Xavier pelo Comitê Central do Instituto Nobel. Mas todos se enganaram redondamente: nem João Paulo II, nem Lech Walessa, nem Chico Xavier. Quem recebeu o Prêmio Nobel da Paz daquele ano foi o Escritório do Alto Comando da ONU, que atendia e dava assistência aos refugiados no mundo todo, particularmente nos países em conflito e cuja miséria era algo assustador, como Etiópia, Afeganistão, Camboja e Vietnã.

A decepção foi geral.

Menos para Chico Xavier, que emitiu um comunicado agradecendo o apoio de todos e parabenizando a instituição vencedora. As palavras de Chico eram no plural, de forma que era extensiva a todos os que se mobilizaram naquela empreitada para que não ficassem com a sensação de derrota ou tristeza no coração.

"Estamos muito felizes sabendo que um prêmio dessa ordem coube a uma Instituição que já atendeu mais de 18 milhões de refugiados. Nós todos deveríamos instituir recursos para uma Organização como essa, em que tantas criaturas encontraram apoio, refúgio, amparo e bênção."

Nunca mais o Chico fez menção a esse assunto. Mais de dez anos transcorridos daquele episódio, comentou uma vez com amigos:

— Eu sabia que não iria vencer e sinceramente não esperava que isso acontecesse. Seria muita honraria que eu considero não ter merecimento. Sou um homem simples, do povo, que só deseja trabalhar em paz servindo a Jesus!

***

Amigos, a simplicidade do Chico era genuína, sua humildade era natural, porque na verdade era uma conquista espiritual já realizada. Percebia-se seu constrangimento diante das louvações, as quais ele sempre considerou "imerecidas", pois do Francisco, ele era apenas o "Cisco".

Entretanto, o fruto de seu trabalho, de seu exemplo de vida, de sua grandiosa obra colocou-o em posição de destaque, de forma que muitas vezes precisou comparecer diante das luzes dos holofotes. Nessas ocasiões, percebia-se o seu desconforto. Chico era avesso às badalações e, sempre que podia, fugia dos eventos pomposos, embora sua posição o colocasse em situações que, com o tempo, aprendeu a "conviver e administrar" para também não passar a imagem de falsa modéstia, de ingratidão ou de petulância.

Sua figura irradiava uma "aura" de bondade, simplicidade, bom humor e, acima de tudo, caridade e respeito para com o próximo, fosse ele abastado ou a mais singela das criaturas.

Tudo isso compunha sua figura, angariando simpatia por onde passava, porque Chico era simplesmente desse jeito: uma pessoa simples, bondosa e cativante!

Por tudo isso, recordamo-nos hoje de Chico Xavier, essa figura humana que certamente será inesquecível, com um sentimento de saudade em nossos corações.

35

Tocando em frente

Tem uma música cantada pelo grande intérprete da música sertaneja, Almir Sater, intitulada "Tocando em frente", que amo demais, por ser profunda e dizer tanta coisa. A música é simplesmente linda e a letra, profunda! Momento de muita inspiração do autor.

Não sei por que, mas toda vez que ouço essa música, lembro-me de Chico Xavier. "*Ando devagar porque já tive pressa, levo este sorriso porque já chorei demais. Hoje me sinto mais forte, mais feliz quem sabe, só levo a certeza de que muito pouco eu sei, eu nada sei...*"

Nos anos que se seguiram, foi assim. Um Chico com o corpo físico comprometido pelo desgaste do tempo, pelas doenças que não lhe davam trégua, pelos graves problemas nos olhos, mas mesmo assim tocando em frente, sempre com um sorriso nos lábios.

De qualquer forma, a campanha em prol do Nobel da Paz não rendeu dividendos ao Chico, por duas razões: a primeira é que ele não o desejava mesmo, e a segunda, porque não precisava. O único reconhecimento que ele esperava era de Deus, quem tudo sabe, até o sentimento mais secreto que vai no coração de cada um.

Todavia, o movimento espírita ganhou destaque. Nunca se vendeu tantos livros, particularmente nas capas em que estavam estampadas com o nome de Chico Xavier. O número de adeptos e simpatizantes aumentou consideravelmente. O Espiritismo tornou-se assunto na televisão, nas novelas, no cinema e nos artigos de jornais.

De todo esse episódio, ficou uma amizade profunda e sincera entre ele e Augusto César Vanucci. Este resolveu levar ao teatro uma peça montada a partir de textos escritos por Chico e Divaldo Pereira Franco, nos quais eram abordados temas sérios, como drogas, aborto, suicídio, violência, sob a ótica espírita, tendo como pano de fundo a reencarnação.

Com o auxílio de Paulo Figueiredo e Hilton Gomes, deram um formato "compreensível" a temas tão empolgantes até para leigos, mesmo porque ao teatro costumam ir pessoas de todos os credos.

Quando estava com tudo pronto, levou para que Chico desse a bênção final. No fundo, Vanucci estava preocupadíssimo. Ele havia contratado um elenco de peso, entre eles Lucio Mauro e Felipe Carone. Tinha receio de que a peça não caísse no agrado do público e se tornasse um fiasco, isso o angustiava. Temendo o fracasso retumbante, chegou ao cúmulo de antever o teatro vazio.

Chico leu o texto, olhou para Vanucci com um sorriso e comentou:

— Não se preocupe. Vai ser um sucesso! O teatro estará sempre cheio!

Vanucci respirou fundo e descontraiu. Ele não havia comentado suas preocupações absolutamente com ninguém. No final, com um largo sorriso estampado no rosto e com bom humor, Chico concluiu:

— Nem que seja só de espíritos!

O diretor da Globo nem pestanejou com a brincadeira, porque sentiu, a partir daquele momento, um firme sentimento de segurança e uma certeza inabalável de que tudo daria certo.

Não deu outra.

Durante quase um ano inteiro, o Teatro Vanucci, cuja capacidade era de 420 lugares, esteve sempre com a lotação máxima em todos os espetáculos, tornando-se um fenômeno de bilheteria. Desde 1982 e durante os onze anos em que permaneceu em cartaz, a peça foi vista por nada menos que 2 milhões de expectadores.

Vanucci fez questão, desde a primeira apresentação, de destinar metade da arrecadação às instituições de caridade, seguindo o exemplo de seu amigo Chico Xavier.

Os anos foram passando e Chico continuava "tocando em frente", sempre com um sorriso nos lábios e a certeza de que era apenas um "Cisco" na contabilidade Divina.

Às vezes, sua aparência física dava impressão de completa exaustão, parecia que não conseguiria ficar em pé. Mas Chico encontrava energias imponderáveis no bem que praticava, contrariando a lei da gravidade: continuava em pé, com o sorriso estampado em sua fisionomia, que era sua marca registrada.

Continuou visitando presídios e uma vez questionado se não temia ficar ao lado dos prisioneiros, se o ambiente era muito pesado ou se havia lá muitos obsessores, Chico respondia:

— Não, lá na cadeia não vi nenhum obsessor. Eles não estão mais lá, porque já conseguiram fazer o que desejavam. Vi apenas muitas mãezinhas desencarnadas chorando pelos desventurados filhos que se encontram prisioneiros.

Visitava hospitais, asilos, presídios e, nos últimos anos, enquanto ainda conseguia caminhar, passou a visitar a cidade-colônia Santa Marta, em Goiás, especializada no tratamento aos irmãos Hansenianos. Criaturas reclusas que levavam uma vida de isolamento imposta pelo estigma impiedoso da terrível doença que desfigura de forma irreversível os pacientes por ela acometidos.

A tristeza de muitos se transformava em alegria toda vez que Chico visitava aquele hospital. Os rostos se iluminavam em um sorriso espontâneo e sincero com a chegada daquele que eles aprenderam a amar e a respeitar, porque Chico jamais fez diferença a quem quer que fosse. Abraçava a todos indistintamente, beijando o rosto de cada um.

Em uma dessas visitas, ao chegar ao portão de entrada, parou estático. Os amigos que o acompanhavam não entenderam o que estava acontecendo, porque Chico abaixou a cabeça e começou a chorar intensamente. As lágrimas desciam intensas molhando sua face. Todos permaneceram em silêncio respeitoso, se perguntando: o que estaria acontecendo? Chico parecia visivelmente emocionado. Após alguns minutos de expectativa, finalmente o esclarecimento, quando Chico, ainda com a voz embargada pela emoção, disse:

— Vocês não imaginam quem veio nos receber nesta tarde aqui na entrada da Colônia.

Ante o silêncio das pessoas, arrematou:

— Foi o Santo de Assis que veio nos dar boas vindas. Ele nos informou que, juntamente com os demais espíritos que fazem parte da Ordem dos Franciscanos, estará nos acompanhando nesta tarde na visita e, através de cada um, irão abraçar os irmãos internos desta casa.

Francisco de Assis era o patrono da Colônia Santa Marta.

Em outra ocasião, em visita à Colônia, uma mãe se emocionou ao ver Chico e, em lágrimas, pediu:

— Chico, por misericórdia, venha até o leito de meu filho, que está muito mal. Ele disse que não deseja morrer antes de receber sua bênção.

O médium se aproximou do leito onde um paciente ainda jovem agonizava sob a guante da doença impiedosa.

— Acorde, meu filho! — pede a mãe. — É o Chico Xavier que está aqui!

O jovem, com os olhos esgazeados, fez um esforço e tentou levantar a cabeça, mas não conseguiu. Esboça um sorriso enquanto Chico coloca a mão sob sua fronte e em seguida beija seu rosto. Com a voz quase imperceptível, balbuciou:

— Obrigado, Chico, agora posso partir em paz!

A mãe, em lágrimas, beijava o filho dizendo:

— Não te disse, meu filho, que Chico viria para te abençoar?

Em seguida, Chico juntou as mãos do moribundo e as beijou enquanto se afastava em lágrimas, sem dizer uma palavra sequer. A visão espiritual que ele descortinava era algo que seria impossível descrever com simples palavras e as emoções eram muito fortes para aquele coração já maltratado pelo tempo e pela doença.

Na verdade, se havia algo que realmente o incomodava, era a idolatria. Estava calejado. No final de sua existência, preferia as críticas sinceras às louvações desmedidas. Ficava visivelmente constrangido diante de elogios exagerados e das bajulações. Vez ou outra eram homenagens, ambientes requintados, muitas filigranas... Era avesso a tudo isso, mas tinha que suportar, em benefício da divulgação da doutrina.

— Chico, você é um santo! — diziam alguns.

— Chico, você é maravilhoso! — comentavam outros.

— Chico, você é divino! — falavam outros tantos.

E o mensageiro dos espíritos simplesmente se calava e, sempre que podia, retrucava:

— Eu não sou ninguém! Apenas um “Cisco”. Sou apenas um instrumento imperfeito a serviço de Jesus! De todos os livros psicografados, não tenho mérito em nenhum deles, porque nunca houve nenhum esforço intelectual de minha parte na escrita de qualquer deles. Serei um eterno devedor da bondade divina, que permitiu que um homem tão imperfeito como eu, pudesse ter alguma serventia em favor do bem!

* * *

Ah! Chico! Que saudades deixou em nossos corações! Só você mesmo!

Tinha consciência de suas imperfeições, lógico que as tinha, mas quem o conheceu sabe do que estou falando: sua maior qualidade era a simplicidade. A humildade era sua conquista espiritual já efetivada. O amor aliado à disciplina completou o restante.

Sua simplicidade, sua humildade eram autênticas e genuínas. Não os gestos calculados, não a falsa modéstia, não as trombetas, não a caridade disfarçada!

Chico sabia como poucos exercer a caridade pura, como nos ensina o Evangelho do Cristo, em que a mão esquerda não toma conhecimento do que a direita fez.

Simplesmente Chico! Um homem simples e ingênuo em cujos ombros foi confiada uma grandiosa missão como mensageiro do mundo invisível em favor do amor, a serviço do bem em nome do Cristo.

36

À sombra do abacateiro

Nos últimos anos, apesar do visível cansaço e do corpo já depauperado, Chico surpreendia. Na companhia de amigos, comparecia à sombra do abacateiro aparentando disposição e energia renovadas.

Carlos Baccelli, um dos amigos mais assíduos nos últimos tempos, ao lado de Chico, se encarregava de anotar as lições do Evangelho comentadas com ponderação e bom humor pelo médium. Naqueles momentos, ele parecia amparado por forças imponderáveis. Chico se refazia fisicamente enquanto as pessoas se acotovelavam ao seu redor para ouvir suas palavras repletas de observações bem-humoradas, além do seu natural bom senso.

— Muitas pessoas desejam casas enormes com dois, três, quatro quartos. Para quê? Só conseguimos dormir em um de cada vez! Por que o desejo desenfreado de acumular bens que a traça corrói e a ferrugem consome? — comentava referindo-se ao Evangelho de Mateus[12]. — Tem gente que possui mais de 35 pares de sapatos. Para que tanto? Não temos setenta pés!

As pessoas riam com os comentários descontraídos, embaixo da sombra do abacateiro, naqueles dias ensolarados e saudosos... Chico parecia encontrar vigor no contato com a natureza e com o povo, e seu bom humor irradiava alegria a todos.

— Jesus nos recomendou que perdoássemos não sete vezes, mas setenta vezes sete, cada falta de nossos irmãos. Isto vai longe! Se fizermos as contas, significa 490 vezes o perdão de cada ofensa. Então, para que perder tempo? Quando chegar lá pela centésima vez, diga: você está perdoado para sempre, não vou ter o trabalho de perdoá-lo mais!

Mas os amigos mais íntimos se preocupavam. Sabiam de seu real estado físico e que aquelas melhoras repentinas eram resultantes dos cuidados que os "amigos" do plano espiritual reservavam ao trabalhador que, pelo mérito do trabalho, fez por merecer. A matéria sofre de forma inexorável a ação impiedosa do tempo.

Aos amigos mais próximos, Chico comentava:

— Eu tenho um amigo que sempre contei com seu indispensável auxílio. Ele sempre me acompanhou em todos os momentos, bons e ruins de minha vida. Mas este amigo envelheceu e hoje quase não o reconheço mais. Quando eu quero me levantar, ele quer continuar deitado, eu quero caminhar, ele deseja repousar, eu quero trabalhar, ele deseja descansar. Este amigo que está cansado, já não consegue mais me acompanhar, é meu próprio corpo!

Aos mais próximos, Chico comentava também que, de vez em quando, os bons amigos espirituais o levavam em espírito a locais paradisíacos para retemperar suas energias físicas.

Em espírito, sentia-se leve, jovem, livre das amarras e do peso do corpo depauperado. A sensação de liberdade era algo

12 *Capítulo VI, versículos 19 e 20.*

extraordinário e indescritível, dizia ele, à semelhança de um pássaro liberto temporariamente de uma gaiola asfixiante. Sua percepção se ampliava, sua visão se dilatava, além da sensação indizível de bem-estar. O problema era o retorno ao corpo físico, o que estava se tornando cada vez mais um sacrifício penoso. Era sempre uma sensação desagradável e de muito sacrifício tornar a ocupar aquela massa encarquilhada e cansada que era seu corpo.

— Às vezes não tenho vontade de voltar — dizia —, mas Emmanuel me diz que preciso ter paciência. Ainda não cumpri minha cota de responsabilidades, testemunhos e sacrifícios...

Mas quando chegava à sombra do abacateiro, na presença de tantos amigos, na leitura do Evangelho e nos comentários, seus olhos adquiriam um novo viço, um novo brilho. Sua voz enfraquecida adquiria nova vitalidade e seu bom humor irradiava, contagiando a todos com sua palavra amorosa.

Chegou a comentar com amigos mais próximos que, no dia em que olhassem para ele e o vissem sorrindo e feliz, ele estaria partindo desta vida. A única coisa que desejava era partir em um dia muito feliz para todo povo brasileiro.

Essas palavras soavam como se fossem uma profecia.

Os anos foram se arrastando e, à semelhança de um cerne que resiste às intempéries e ao tempo, o corpo físico de Chico ia aos poucos e lentamente se esvaindo, apesar de sua vontade de trabalhar, de estar junto aos necessitados, praticando o bem e a caridade.

Nos últimos tempos, sofreu muito com os ataques de pneumonia, chegando a ficar sob cuidados médicos por mais de quarenta dias. Mas tão logo se recuperava, lá estava ele se arrastando em direção ao Grupo Espírita da Prece.

Os amigos procuravam ampará-lo, e vencendo todas as dificuldades, lá estava ele a postos no serviço em favor dos necessitados, agora mais minguado. Mas aqueles que tinham sorte de encontrá-lo, pois sua presença se tornava cada vez mais rara, limitação imposta por sua condição física, se debruçavam sobre ele, passando a mão sobre sua cabeça, beijando suas mãos, procurando ouvir de sua voz sumida alguma palavra de conforto que o médium jamais deixava de oferecer, a quem quer que fosse.

Com grande esforço para retribuir com um sorriso os beijos e a presença de cada um que o procurava. Ouvia palavras de carinho de muitos emocionados com aquele que, apesar do aspecto cansado e do corpo franzino, irradiava uma energia inexplicável, que contagiava a todos:

— Chico, você é lindo! — dizia uma senhora em lágrimas.

— Chico, você é divino! — dizia outra com a fisionomia em prantos.

Ele simplesmente sorria e respondia com a voz sumida:

— Ah! Irmãs, vocês é que são maravilhosas. Eu não sou ninguém! Apenas um "Cisco".

* * *

Nosso objetivo não é o de tecer louvações nem endeusar um ser humano. Chico Xavier jamais desejou que isso acontecesse e era completamente avesso a esse tipo de manifestação. Mas simplesmente o de recordar, com saudades, uma criatura que soube servir em nome do Cristo com dignidade, trabalhando incansavelmente, servindo sempre sem esperar reconhecimento deste ou daquele, olvidando as ofensas e a ingratidão, dando sempre sua cota de testemunho em nome do Cristo.

Chico tinha consciência da responsabilidade de sua missão. Quando o trabalhador se conscientiza da responsabilidade do seu trabalho, os bons espíritos providenciam, em nome de Deus, para que os recursos ao bom soldado jamais faltem.

Nos momentos de maiores problemas de saúde física, lá estava Chico embaixo do abacateiro. O trabalho e o Evangelho restauravam suas energias e ele prosseguia ciente de que a luta deveria prosseguir sempre.

Muitas pessoas temem a morte. É interessante quando vemos alguém como Chico que, saindo do corpo físico, encontra no lado espiritual tamanha paz e tranquilidade, própria aos servidores do Cristo e, por essa razão, encaram a morte com serenidade.

A morte é uma libertação gloriosa!

Por isso ele disse que, no dia de sua partida, certamente estaria muito feliz. E desejava que o povo brasileiro também estivesse.

Ah! Chico, quem sabe um dia também, nós outros possamos vencer a vaidade que ainda nos aprisiona e tenhamos a consciência que somos simples "Ciscos" diante da imensa bondade divina que ampara a todos nós.

37

Uma luz no céu

Os anos finais da existência de Chico foram de muitas lutas. O médium não queria dar-se por vencido, mas as leis que regem a matéria são rigorosas, insensíveis e impiedosas. Em espírito, Chico desejava prosseguir, servir, trabalhar, mas sua organização física estava depauperada.

Em junho de 2001, foi novamente acometido por pneumonia dupla. A internação sob os cuidados do médico e amigo Dr. Eurípedes Tahan foi inevitável, este preocupado, via o quadro de saúde do médium se agravar cada vez mais. O médico sabia que os prognósticos não eram dos mais alvissareiros. Temia pelo pior.

A febre era alta e resistente aos medicamentos, e o paciente apresentava dificuldades respiratórias com dispneia complicadíssima. A resistência física do paciente parecia estar chegando ao fim. O estado de Chico Xavier, naquela noite fria de junho, era simplesmente desesperador. A impressão que o médico tinha era de que Chico estava realmente em fase terminal, pois os medicamentos não mais surtiam efeito algum. Todos os esforços pareciam baldados e quando fez a última visita daquela noite, o Dr. Eurípedes estava realmente muito preocupado.

E tinha motivos de sobra para tal.

Todavia, na manhã seguinte, dia 30 de junho de 2001, algo extraordinário ocorreu. O paciente, que até então se encontrava completamente prostrado e não reagia mais à medicação, começou a apresentar melhoras surpreendentes, sem que qualquer outro tratamento ou medicação tivesse sido ministrado e, em poucos dias, estava completamente restabelecido, recebendo alta hospitalar.

Foram muitas as hipóteses e especulações a respeito do assunto, que até acabou sendo notícia no Jornal Nacional, da Rede Globo de Televisão.

Ora, naquela manhã de 30 de junho de 2001, o repórter cinematográfico da TV Ideal, afiliada da Rede Globo, estava posicionando sua câmera diante da janela do Hospital Dr. Hélio Angotti para fazer a reportagem a respeito da saúde do médium. Todo Brasil estava apreensivo com o estado de Chico e a reportagem era pauta do noticiário do dia.

O repórter posicionou sua câmera, focou a fachada do hospital, normalmente como sempre fazia quando preparava alguma matéria. Todavia, quando chegou à redação, ao examinar as imagens para a edição do noticiário, perceberam que um foco de luz havia passado diante das câmeras com tamanha rapidez, que ninguém havia percebido antes.

Quando examinaram mais detalhadamente aquele foco luminoso, em câmera lenta, ficaram impressionados: a filmadora havia registrado algo simplesmente extraordinário. Um foco de luz que, em determinado momento, se dividia em dois e logo em seguida parecia tornar-se apenas um, desceu do céu a uma velocidade impressionante, em linha reta penetrando diretamente na janela do apartamento onde Chico se encontrava internado.

O noticiário causou alvoroço. Era mais um mistério envolvendo aquele homem extraordinário, que após aquele episódio, simplesmente contrariando todos os diagnósticos, se recuperou completamente, retornando para casa.

O filme com as imagens foram examinados por vários técnicos, para que emitissem sua opinião e identificassem eventuais fraudes. Um renomado pesquisador da Universidade de São Paulo examinou detidamente o vídeo, afastando qualquer hipótese de fraude. Observou que aquele era um foco de luz condensado, com cerca de 30 centímetros de diâmetro, que descia em linha reta. Era simplesmente intrigante.

A verdade é que o fenômeno fora filmado em plena luz do dia, o que acabou por ofuscar parte de sua dimensão luminosa. Possivelmente deveria ser bem maior e mais radiante do que a filmadora efetivamente conseguira registrar.

Um cientista da UISA, especializado em fenômenos aeroespaciais, também examinou o vídeo, manifestando-se impressionado com a imagem registrada. Também afastou qualquer hipótese de fraude. Em sua opinião, não havia explicação científica plausível.

Também se debruçaram na análise do fenômeno outros estudiosos de renome, no campo da fenomenologia e da ufologia, sendo que as opiniões eram unânimes: aquele fenômeno não tinha qualquer explicação física nos conceitos da ciência terrena.

Quase um ano depois, no dia 28 de junho de 2002, o repórter Luiz Gustavo da TV Globo procurou Chico para aquela que seria sua última entrevista.

Encontrou um Chico sorridente, feliz, cercado de amigos. Sem sinal de doença, de abatimento ou de cansaço. A aparência de Chico era simplesmente surpreendente, exibindo uma alegria contagiante.

A curiosidade a respeito daquele fenômeno luminoso ainda intrigava muita gente. O repórter desejava esclarecer, ouvindo da própria boca do Chico, o que efetivamente havia acontecido naquele dia.

— Era Emmanuel e minha mãe que me visitaram.

— E eles ficaram muito tempo? — perguntou o repórter.

— Minha mãe ficou mais tempo, mas Emmanuel foi embora logo.

— O que Emmanuel lhe disse?

— Que eu tivesse paciência.

Aquela foi a última entrevista de Chico Xavier, porque dois dias depois, Chico desencarnava em um dia de muita felicidade para todo povo brasileiro. A seleção de futebol havia acabado de conquistar o tetracampeonato Mundial de Futebol.

E se cumpriria a última vontade de Chico Xavier: partir deste mundo em um dia de muita felicidade.

Foi o que aconteceu...

* * *

Esse fenômeno insólito na vida de Chico Xavier nos leva a meditar.

Muitas vezes alcançamos graças pela fé, por merecimento ou por acréscimo de misericórdia, porque o Criador é a suprema bondade.

Quando a criatura em oração sincera pede auxílio, ela pode alcançar a graça, mesmo que ela não tenha ainda merecimento, mas pela fé que é portadora e por acréscimo de misericórdia, porque o Criador conhece nossas necessidades e conhece o que há no coração de cada um.

No caso de Chico Xavier, poderíamos sem dúvida dizer que a graça alcançada deveu-se a dois fatores primordiais: a fé inabalável daquele trabalhador incansável e os créditos espirituais que havia acumulado ao longo de sua existência de amor, renúncia e trabalho.

Sem mais recursos a serem utilizados na medicina terrena, eis que do mais alto vem o auxílio necessário ao trabalhador digno da graça: Emmanuel, seu guia espiritual de todos os momentos, e sua mãezinha amorosa se apresentaram na condição de emissários divinos, trazendo o recurso espiritual que a medicina tradicional jamais poderia prover, entender ou dimensionar.

Quanto à eficácia do auxílio invisível, não temos dúvida alguma. Nem a medicina, nem a ciência terrena. Chico recuperou a saúde contrariando as expectativas que davam como certo seu desencarne.

Uma dúvida ainda persiste em minha mente: o cinegrafista teria posicionado sua câmera, casual ou propositalmente, no exato momento em que as imagens luminosas cruzaram o espaço em direção ao quarto do Chico?

Como poderia uma câmera comum registrar um fenômeno espiritual em plena luz do dia?

Se realmente temos convicção nos ensinamentos e nos princípios da Doutrina Espírita, sabemos que o acaso não existe. Por algum motivo, Emmanuel fez questão de que aquele registro fosse possível e depois divulgado nas telas da grande maioria dos lares brasileiros.

Em primeiro lugar, poderemos imaginar que, em plena luz do dia, o foco luminoso se apresentava com o diâmetro em torno de 30 centímetros, segundo a avaliação do pesquisador da USP, poderíamos indagar: qual seria realmente a dimensão invisível da luz espiritual de Emmanuel?

Fica apenas a indagação.

Outro ponto que gostaria de mencionar é a respeito do reencarne de Emmanuel. Já ouvi de muitos confrades a informação de que Emmanuel já reencarnou e hoje é um menino com idade em torno de seus doze anos.

Acredito que realmente Emmanuel deve reencarnar com grandiosa tarefa a ser realizada no plano material, no Brasil, coração do mundo e Pátria do Evangelho. A verdade é que todos esperam identificar essa criança maravilhosa na figura de um menino. Será que seria assim tão óbvio?

Acho que são muitas especulações que não levam a lugar algum. O mais importante é que cada um que já tenha conhecimento e o privilégio do conhecimento da Doutrina Espírita continue a tarefa do Chico, levando sua palavra de conforto espiritual, amando, levantando os caídos, socorrendo os aflitos, renunciando a si mesmo, dando testemunhos de fé e aprendendo a perdoar como Chico, a exemplo de Jesus, sempre fez.

Mas aos exagerados que afirmam que Emmanuel já reencarnou, e é hoje um garoto em torno dos doze ou quatorze anos de idade, tenho minhas dúvidas. Pelo menos no dia 30 de junho de 2001, Emmanuel estava no plano espiritual, vivíssimo e em plena atividade.

38

30 de junho de 2002

Aquele foi um dia memorável que a grande maioria dos brasileiros jamais haverá de esquecer. O povo estava em festa comemorando a conquista do tetracampeonato de futebol naquela difícil batalha que foi a partida final contra a Alemanha.

Rojões e fogos espocavam em todos os recantos brasileiros enquanto o povo feliz saía às ruas para festejar aquela grandiosa conquista. A felicidade era contagiante e foi comemorada com muita intensidade.

Os noticiários na televisão, no rádio e na mídia de um modo geral ocupavam todo espaço destacando o grande feito da seleção brasileira nos gramados orientais. A festa era muito intensa e a alegria se irradiava no coração de todos com gritos de felicidade, porque no Brasil, o futebol é a paixão nacional, particularmente quando joga a seleção brasileira na disputa de uma Copa do Mundo.

Foi exatamente nesse clima de alegria que Chico Xavier se despediu da vida material, nesta existência. Com simplicidade, com discrição, em silêncio.

A partida de Chico ocorreu de forma tão discreta e silenciosa, como uma vela que se apaga, como uma chama que se extingue. Sem dor, sem sofrimento, sem alarde, em um dia de muita alegria, como ele sempre desejou.

Quando o noticiário se deu conta do desencarne de Chico Xavier, a maioria das pessoas em festa ainda comemorava o tetracampeonato de futebol, mas para aqueles que conheciam Chico, provocou um sentimento de perplexidade, de perda irreparável, de pesar e de saudade!

De um modo geral, somos egoístas. Desejamos reter indefinidamente conosco as pessoas queridas, mas chega o momento de partida que não pode mais ser postergado. Quando os admiradores de Chico se deram conta, já era tarde!

Tudo foi muito bem preparado, como era desejo do próprio Chico. Quando ele ficou doente, no dia 30 de junho de 2001, certamente não era aquela data que deveria ocorrer seu desencarne e, por essa razão, foi necessária a intervenção do Plano Espiritual Superior, com os recursos espirituais providos por Emmanuel e pela amorosa genitora do Chico.

Por isso, Emmanuel disse ao Chico:

— Tenha ainda mais um pouco de paciência.

Ainda não era chegada a hora da partida daquele homem de estatura baixa, franzino, doente, quase cego, esquisito, mas de uma grandiosidade espiritual que poucas pessoas têm consciência e ideia da dimensão exata da sua grandeza espiritual.

A beleza espiritual de Chico transcendia daquele corpo depauperado e destroçado pela ação impiedosa dos anos, servindo como instrumento de tanto amor para um espírito de tanta luz e tão elevada envergadura.

Certamente, como trabalhador que detém na contabilidade divina elevada soma de crédito pelo trabalho realizado, Chico em espírito deve ter se sentido feliz, livre da prisão material e, tão logo cessaram as atividades fisiológicas do corpo material, deve ter sentido grande emoção e reconhecimento àquele companheiro agora imprestável, que deveria baixar à sepultura.

Aquele que fora o dia de muita festa para os brasileiros, certamente, também era de muita festa no plano invisível. O Plano Espiritual deveria estar engalanado, festejando o retorno daquele irmão tão querido por todos, que soubera honrar com muita dignidade o Sagrado Mandato que havia recebido das hostes espirituais superiores.

Certamente, em espírito, Chico deveria estar também sentindo a alegria genuína do trabalhador que soube cumprir com galhardia e coragem a missão que lhe fora confiada.

Os céus do Brasil riscavam coloridos, iluminados pelos fogos de artifício na comemoração do povo, ao mesmo tempo que no céu invisível, os raios de luz multicoloridos espargiam pelo espaço para receber de volta um filho tão querido, um irmão tão amado, um ser humano extraordinário e um espírito valoroso!

Em minha lembrança, não mais vem a figura de um homem baixinho, esquisito, estrábico e estranho.

Quando penso em Chico Xavier, me vem a lembrança um homem grandioso em sua bondade, lindo, bondoso, generoso, compreensivo, amoroso, caridoso, paciente e tolerante, que soube amar, servir e seguir em frente, sem olhar para trás à espera de reconhecimento, louvação, firulas ou filigranas.

Chico Xavier, simplesmente “Cisco”.

Grande assim.

39

Saudades de Chico Xavier

Junho de 2013. O tempo passa rápido, quase não nos damos conta. Entra ano, sai ano, vem janeiro e vai janeiro, e lá se vai mais de uma década desde a partida de Chico.

O Espiritismo é grandioso por si mesmo e caminha firme sob a égide do Cristo, trazendo consolo e conforto espiritual a tantos necessitados.

Inspirados no exemplo do próprio Chico, muitos Centros Espíritas têm se desdobrado na tarefa das mensagens psicografadas, bem como na prática da caridade, indo ao encontro dos menos afortunados, distribuindo o "pão do Chico", que é muito mais que o simples pão material: é atendimento fraterno aos necessitados, levantando os caídos e amparando os inválidos. Ensinamento do Cristo que Chico, em sua simplicidade, tão bem nos exemplificou.

A escrita mediúnica na produção de livros tem proliferado a mancheias mediante novos escritores "psicógrafos", intermediários do mundo invisível. Lógico que, seguindo os princípios da Doutrina Espírita e do pensamento de Kardec, essas obras devem ser submetidas ao senso crítico na convergência necessária com o Evangelho e a codificação.

Desnecessário seria mencionar a grandiosa tarefa de divulgação do Espiritismo, em que arautos como Divaldo Pereira Franco e Raul Teixeira, sem citar outros nomes respeitáveis, continuam a espargir pelos quatro cantos do planeta a luz do evangelho redivivo, por meio dos postulados cristãos do Espiritismo.

O mundo continuou sua marcha. O Espiritismo também, e nem poderia ser diferente.

Todavia, a presença de Chico Xavier ainda é muito forte, por tudo o que ele representou para cada um de nós, espíritas ou não. Sua figura humana transcendeu o lado religioso no respeito aos irmãos das demais agremiações religiosas.

A verdade é que sentimos muitas saudades de Chico Xavier. Quem o conheceu sabe do que estou dizendo. Sua obra fala por si mesma e é por demais eloquente.

Quando se fala em Chico Xavier, de imediato associamos sua infância simples, sofrida e atribulada. Lembramos também sua juventude compromissada com a educação dos irmãos, após a morte de sua segunda mãe. Seu compromisso de disciplina, disciplina e disciplina assumida junto ao seu guia espiritual, para poder levar avante a grandiosa tarefa do livro. Seu papel como homem, como cidadão exemplar, como funcionário da Fazenda Modelo do Ministério da Agricultura, como escriturário exemplar, responsável e cumpridor de seus deveres, aposentando-se após trinta anos de dedicação absoluta.

Quando pensamos em Chico Xavier, também se faz necessário salientar a extensa obra literária com 414 livros psicografados e publicados. Uma realização admirável que não existe paralelo no mundo inteiro, e só foi possível em virtude da disciplina, do compromisso, da dedicação, da renúncia ao lazer e de si mesmo.

Não bastasse, poderíamos ainda lembrar sua humildade e seu espírito de altruísmo. Teve oportunidade de enriquecer se o quisesse, mas dinheiro e poder não estavam nos planos de Chico. Destinou todos os valores oriundos dos direitos autorais de suas obras às milhares de instituições de caridade espalhadas pelo Brasil, sempre alegando que as obras não eram dele e, sim, dos espíritos.

Foi beneficiário em testamento em quantias consideráveis em dinheiro, terras e outros bens materiais, mas jamais ficou com um centavo sequer. Destinou esses bens a instituições que fizeram muito bom uso daqueles recursos.

Esteve diante das luzes dos holofotes e da exposição em grande escala pelos meios de comunicação. Outro qualquer poderia ter se deixado envaidecer e ter a pretensão de tornar-se uma celebridade, mas não o Chico. Percebia-se seu constrangimento quando, por força da própria obra, era alvo de homenagens.

Chico jamais se preocupou com reconhecimentos, homenagens, filigranas, pompas e louvores. Sempre almejou, na verdade, a simplicidade da vida do homem singelo do campo vivendo junto à quietude e à beleza da natureza.

Quem desejava mesmo ver o Chico feliz participava com ele das tarefas de amor junto dos necessitados, dos simples, dos aflitos, distribuindo seu sorriso aberto, sua mão amiga e o auxílio do pão material e espiritual.

O pão do Chico...

Lembrar Chico é recordar sua figura incansável, perdoando seus ofensores, sem guardar nenhuma espécie de ressentimentos, trabalhando sempre sem se importar com as críticas levianas, mas atento às que eram pertinentes, para não se deixar levar pela vaidade.

Recordar Chico é imaginar seu sentimento de angústia e tristeza na incompreensão de pessoas queridas, no abandono de pessoas amadas e, mesmo assim, seguir em frente, sem que a obra pudesse ser afetada por seus sentimentos pessoais e humanos, compreensíveis.

Trabalhando sempre para esquecer suas próprias angústias e tristezas. O trabalho é uma terapia, dizia sempre, que engrossa o fio da vida. "Quero morrer trabalhando e quando partir, vou pedir a Deus a graça de poder, do outro lado da vida, continuar trabalhando".

Certamente o Cristo deve ter-lhe oferecido a recompensa do trabalho na vida espiritual.

Fico imaginando que, do outro lado da vida, em espírito, Chico deve nos observar como o grande amigo que partiu e, certamente, seu sentimento de amor deve nos acompanhar as angústias do "lado de cá" da vida.

Qual será a grandiosa tarefa que o Cristo deve ter confiado a um trabalhador tão dedicado e amoroso? Fico imaginando a dimensão da responsabilidade que certamente Chico deve ter abraçado no lado espiritual, em nome do amor, porque parado ele não está. Com certeza absoluta.

O que será que o Plano Espiritual Superior nos reserva? Com certeza Emmanuel deve reencarnar, se ele já não o fez, talvez não da forma como todos esperamos. Tenho absoluta convicção de que será de forma diferente, não previsível.

A tarefa continua, Chico no Plano Espiritual, Emmanuel reencarnado. Como seria isso, meu Deus? Simplesmente algo maravilhoso, a continuidade da tarefa de evangelização da Pátria do Cruzeiro. Brasil, o coração do mundo e a Pátria do Evangelho.

A verdade é que continuamos com saudades de Chico Xavier.

Não é nosso objetivo nesta obra santificar, nem glorificar a imagem de um ser humano que soube honrar o sagrado mandato recebido pela confiança dos Planos Superiores da Espiritualidade.

Mesmo porque Chico Xavier não precisa de nada disso. Em meu pensamento, imagino que sentimos saudades desse grande amigo, mas certamente ele também, do outro lado, deve sentir saudades dos amigos que aqui ficaram, principalmente os necessitados do caminho que ele tanto amou.

E juntamente com grandes luminares do Plano Espiritual, em nome de Jesus, continua velando pelo nosso país, Coração do Mundo e Pátria do Evangelho.

Com o passar dos anos, num futuro mais longínquo, certamente Chico ainda será lembrado. Alguns possivelmente poderão pensar que se trata de um mito e que tudo que se falou ou foi escrito a seu respeito tenha sido exagero, ou invencionice de amigos que sentiam admiração, criando uma figura mitológica.

Não tem importância. Em sua modéstia de sempre, Chico em espírito jamais irá se importar, porque na realidade ele é e sempre será o "Cisco" Xavier, grandioso em sua dimensão espiritual.

Até breve, Chico, quem sabe um dia possamos ter a felicidade de encontrá-lo por acréscimo da misericórdia Divina, nos visitando para nos resgatar com seu amor de amigo que jamais esquece e abandona os irmãos menores.

Bibliografia:

BACCELLI, Carlos Antônio. Chico Xavier, à sombra do abacateiro. São Paulo: Ideal, 1986.

GALVES, Nena. Até sempre Chico Xavier. São Paulo: União, 2008.

GAMA, Ramiro. Lindos casos de Chico Xavier. São Paulo: Lake, 2000.

GONÇALVES, Jésus; XAVIER, Francisco Cândido. Flores de outono. Lake, 1984.

MAIOR, Marcel. Souto. As vidas de Chico Xavier. São Paulo: Planeta do Brasil, 2004.

MATTOS, Divaldinho. Chico Xavier em Pedro Leopoldo. Didier, 2000.

SILVA, Luciano Napoleão da Costa. Nosso amigo Chico Xavier. Capivari: EME, 1995.

TAVARES, Clóvis. Trinta anos com Chico Xavier. Ide, 2001.